世界でバカにされる日本人
―今すぐ知っておきたい本当のこと―

谷本真由美

ワニブックス
|PLUS|新書

はじめに

ここ数年、日本では「日本スゴイ！」と持ち上げるテレビ番組や雑誌の記事が大流行しています。書店に足を運べば「日本がいかにすごいか」を誇示した書籍がところ狭しと並んでいます。

こうしたニッポン礼賛を強調したテレビ番組や雑誌記事、書籍で取り上げる「スゴイ日本！」では、次のようなことが「これでもか！」というくらいに叫ばれています。

世界中の人たちは日本人を尊敬している！
世界で日本を知らない人はいない！
日本のトイレは世界一ハイテク！
日本の電車は世界でいちばん時間に正確！

日本の旅館のおもてなしは世界一！
日本の街は世界でもっとも清潔！
日本の食べもの・料理は世界でも最高レベル！
日本の治安の良さは世界で群を抜く！
日本の教育レベルは世界トップレベル！
日本の職人がつくるネジの正確性は世界一！

こうした〝日本スゴイ！　コンテンツ〟のなかには、もちろん真実も含まれているのですが、どうでもいいネタを大袈裟に強調したフェイクニューススレスレなものも少なくありません。

とくにアメリカとイタリア、イギリスで働いてきて、国連専門機関や多国籍企業で勤務したことがある私からすると、かなり〝まゆつばモノ〟なネタも多いといえます。

日本人は自国が世界の先進国で、世界中の人が日本にあこがれ、日本を尊敬し、日本を見習いたいと思っていると勝手に思い込んでいるようですが、実はそう思っているのはほとんどわれわれ日本人だけなのです。

実際のところ日本は世界の中で数ある国のひとつにすぎず、どちらかといえばマイナーな国といわざるをえません。

先進国の大学を出たような高学歴の人であっても、その大半は世界地図の上で日本がどこにあるのかも知りません。日本と北朝鮮は陸続きだと思い込んでいる人もかなりいます。さらには中国と日本の見分けがつかない人ですら少なくないのです。

かつては世界中で日本車や日本の電化製品などが大人気でしたが、スマートフォンやインターネット時代の現在、アップルがアメリカの会社だということはムババーネ（エスワティニ王国の首都・人口約10万人ほど）やカザン（ロシア連邦タタールスタン共和国の首都・人口約110万人）の人でさえ知っていますが、ソニーや東芝という著名な企業であっても中国の会社だと思われているくらいです。

また日本は一九七〇年代から一九八〇年代の高度成長期をとっくに過ぎてしまっており、経済規模こそ世界第二位とか第三位とはいっても、今やその勢いは見る影もなく、下り坂をどんどん転げ落ちている〝斜陽の先進国〟のひとつにすぎません。

莫大な国の借金を抱え込んでいるのに反して国中に豪華な公共施設が建ち並び、少子高齢化は加速度的に進む一方であり、政府はこれといった対策をとることができずにいます。二〇〇二年の小泉純一郎首相（当時）の訪朝で一気に進展するかと思われた北朝鮮拉致問題では、依然として取り残された被害者のことを何十年も放置したままです。

また同盟国であるアメリカのコバンザメのごとく後ろをついて歩き、経済問題に目を向ければアメリカと中国にお金をむしり取られるだけで、口では勇ましいことを言っていますが国際的には国自体にリーダーシップも何もありません。

そんな日本は今やアメリカやヨーロッパの国際ニュースで取り上げられることもほとんどなく、新聞に登場する日本のネタというのは、ラブドールが精巧すぎるとか、駅に黒酢を立ち飲みするスタンドがある——といった三面記事の〝世界おどろきニュース〟的な話題が常連になっているくらいです。

つまり、日本というのは他の国から見た場合、ネス湖のネッシーとかニューメキシコに現れる宇宙人に誘拐されたというような程度の立ち位置なのです。恐ろしく嫌われているわけでもないが、真面目に相手にされているわけでもない。せいぜい焼きそばの添え物である紅ショウガ程度の存在といえるでしょう。

自国が直面する問題すら解決できないのに、国内では〝日本スゴイ！　コンテンツ〟を消費しまくっている日本人は、世界中でおマヌケな国民だと馬鹿にされ、弱者をきちっと保護することもできず、適切な少子化対策さえ実行できない大バカと揶揄《やゆ》されるような立場なのです。

とはいえ、こういう状況は日本国内にいるとなかなかわかりにくいのが現状です。

本書は、欧州と日本を頻繁に往復して暮らし、さまざまな国々の人たちと働いてきた私の経験をベースに著していきます。日本の読者のみなさんが今まで知ることがなかった「世界でバカにされている日本人」の現状を紹介し、〝日本スゴイ！　コンテンツ〟に浸って現実から目をそらしている平和ボケした日本人に新たな警鐘を鳴らし、混迷の時代をグローバル視野で生き抜くための視点・生き方を提示していきます。

世界でバカにされる日本人　目次

目次

◆——「精神」編　89

◆——「文化・生活」編　99

◆——「政治」編　110

おわりに

第1章　「ここが変だよ！　日本人」――BEST7

ここが変だよ！日本人①――「考え方」がおかしい！

世界から見ると奇妙に思える考え方が日本にはたくさん存在しています。

日本に来た外国人がとにかく最初に驚くこと。それは、日本人があらゆる場面で礼儀にこだわるわりには、その礼儀が思いきり〝表層的〟であることです。

困った人が近くにいても助けない日本人

この事実は朝の満員電車に象徴されています。

電車に乗り込むとき、みなさん一様に「すみません、すみません」と口では言うのですが、実際には周りの人を押しのけてわれ先に押し入ろうとする人が大勢いるのです。

このように日本人の「すみません」はあくまで形式的なことであって、行動や心の中は実際のところ、まったくといっていいほど、ともなっていません。

とくに最近マナーが悪いといわれている中年や中高年だけではなく、若い人や小綺麗な格好をした女性も同様なわけですから「日本人は礼儀正しい」と聞いて日本にやってきた外国人たちは面食らってしまうのも無理はないでしょう。

こうした日本人の残念な二面性は他の場面でもよく見かけます。

海外ではよく目にする風景ですが、スーパーのレジでキャッシャーの人と少し立ち話でもしようとすると、日本ではうしろに並んでいる人たちがだんだんと不機嫌になっていく。直接怒鳴ったりするわけではないのですが、見るからに顔が仏頂面になってイライラしていくのが目に見えるのです。

言葉がわからない外国人であっても、他人の機嫌が悪くなっていることはなんとなくわかるので、礼儀正しいと聞いていた日本人が実は短気であることに面食らうのです。

相手の立場を考えない日本人

メールの送受信などデジタルの世界でも同じことがいえます。日本人は異様に形式的な礼儀を重視するのとうらはらに実態がともなっていないことが多いものです。

たとえば外国語で書くメールにも「お世話になっております」などの日本式の〝ご挨拶文〟を冒頭に入れてしまうことがよくあります。英語や他の国の言葉に一生懸命翻訳して入れてしまったりするのですが、外国人の読み手にとって、実はこの礼儀はまったく意味不明です。

こうしたメールを見た外国人は「いったいこの人は何が目的なのか……」、「呪いか何かを書いているのか……」と思って悩んでしまいます。形式にばかりとらわれるあまり相手のことをまったく考えていないのです。

日本人の「環境を守れ！」は詭弁だ

日本人の形式主義は慣習にもあらわれています。

その代表例としてあげられるのは贈答品の梱包《こんぽう》方法です。

職場の人にあげるような一〇〇〇円程度のモノでも、丁寧に包装し綺麗なリボンまで付けて、何重にも包んで、さらには上等な紙袋に入れてあげたりします。商品の価格が高い安いにかかわらず、お店の人は一切文句も言わずにきちんと梱包してくれるのです。

ほとんどの場合は箱が商品よりもはるかに大きく、中に入っているものが小さいので〝ゴミ〟になるほうが断然多いのですが、形式を重んじるあまり包装にたいへんな手間とお金をかけてしまうのです。

こんなバカ丁寧なことをするわりには何かにつけて「環境を守れ！」と叫んでいるのだからまったく意味がわからないのですが、このような売り場での光景は「とにかく形式を守る」という日本人の心理をよくあらわしているように思います。

ヨーロッパだと日本のようにご丁寧にモノを包まないし、なにより一〇〇〇円ほどの安物ではお店の人も嫌な顔をして綺麗な包装などやってくれません。高いものを買っていたとしても懇切丁寧なラッピングまでしてくれるお店は限られていて、ごく一部の高級デパートぐらいなのです。

ここが変だよ！日本人②――「働き方」がおかしい！

日本人の働き方がどうも変だというのは三〇年とか四〇年のスパンで以前からさまざまな雑誌やテレビ番組などで何度も語られています。それは今でもまったく変わっていません。その状況を簡単にいうと、「かける時間のわりに成果がまったくともなっていない」場合が多いことが挙げられます。

ホワイトカラーの残念すぎる生産性

日本生産性本部が実施した調査（二〇一七年一二月）によれば、生産性に関して日本は先進七か国のなかで、なんと最下位でした。

ビジネスパーソンの報酬も今や先進国のなかではかなり低いほうで、どちらかというとハンガリーとかチェコの給料に近くなってきてしまっています。

とくにＩＴ業界は顕著で、他の先進国で働けば現在より給料が二倍から五倍くらいになることもあるのですが、それを知らない日本人があまりにも多いのです。

なぜ日本人、とくにホワイトカラーの生産性はほかの先進国と比べて異様に低いのでしょうか？

それは他の先進諸国と同じような成果を得るのにも、まるで必要とはいえない作業を精魂込めてたくさんやっているからだと思われます。たとえば私の専門は内部統制やITガバナンスといった分野で、企業の監査にかかわることもあるのですが、日本企業の仕事のやり方は諸外国に比べると非常に馬鹿げていると感じることが多いのです。

日本のある大企業の場合、社内の人が定期的な監査をやるのに、チェック項目がすべてエクセルにまとめられていて、なんとそれを全世界の支社に送っていました。さらに驚いたのは、そのチェックを「手動」でやっていたことです。

「引き出しに鍵がかかっているかどうか」「パソコンの中のファイルを削除したかどうか」などということをいちいち目で確認し、それを印刷したエクセルのシートにボールペンでチェックを入れ、関係者全員のハンコを押して、それをスキャンしてPDFにしてから関係部署にメールで送信する——という意味不明なことをやっていたのです。

しかも三〇個以上とか、あまりにもたくさんのシートが付いているので、ファイルが壊れたり開けなかったりすることも一度や二度ではありませんでした。

必要なシートを探すのにも一時間ぐらいかかることはザラにあるし、ファイルが壊れていると、破壊されたファイルの内容に関して知っている人を探し出して問い合わせ、なんとか直そうとするのですが、それにも二日ぐらいはかかってしまいます。

さらにご丁寧に作成されたシートは基本的にA3の紙に印刷するようになっているのですが、プリンターの設定によってはA3用紙を印刷することが難しかったりします。海外の支社にはA3が印刷できないプリンターも多い。本来A3は日本でもそんなに使われない大きさですが、海外ではほぼ使われていません。その印刷方法を探すのにかなりの時間を要したりすることがザラにあるのです。

欧米の先進国と比べ無駄な作業が多すぎる

これがアメリカやイギリスの企業だった場合どうなるか――。

海外では、会社のなかに全世界で使われる監査用のシステムが入っていることが少なくありません。監査のチェックはそのシステムによって自動的になされることもあるし、人間が何かを記入しなければいけない場合は、システム上で操作をして何箇所かチェックを入れれば済むようになっています。

この作業に必要な時間はおそらく五分から一〇分ほどでしょう。この五分から一〇分の作業と同じことをやるために日本人はA３の紙を印刷することで大騒ぎし、出張から何日も帰ってこない関係者や、うつ病で休みがちな上司のハンコをもらうのに東奔西走するのです。

さらには分厚い手順書を読み、意味不明な部分を解明するために担当者を探しだす。メールや電話で連絡をとり、プリンターの設定を直し、監査を待たされた外国人同僚の機嫌をとる……。すべてを完了する前にもしや過労死してしまうのではないか、という懸念さえしてしまうのです。

日本人は同じことをやるのにも他の先進諸国の人たちに比べるとあまりにも無駄な作業をやりすぎているというわかりやすい実例でした。

無駄な苦労を美徳と考える日本人

アウトプットを得るための作業量がインプットに比較して少なければ少ないほど労働生産性は高くなります。

日本以外の先進諸国の場合、日本と比べて労働時間は短く、大半のビジネスパーソンは定時で家路について有給休暇も全部消化します。そういう働き方ができるのも、作業する量を極力減らしているからこそです。無駄な仕事はなるべく省きますし、システムなど効率化できる道具を使いまくって楽をします。

日本人の感覚からすると怠けているようにしか見えませんが、生産性の向上という観点からいうと日本の何倍も高いわけです。働く人間だって使いすぎてしまえば機械のごとくすぐにすり減ってしまうし、疲れてくれば生産性は低下する。そうなるととうぜん士気も下がってくるので、少しでも仕事を減らすか効率化を追求したほうがいいに決まっています。

ところが日本人というのは、同じ結果を得るのにも、なるべく苦労すればするほどよいという考え方をしてしまいがちです。基本的にケチな国民性なので道具もあまり買いません。その結果、現場は疲弊して生産性は下がり、職場によっては〝無駄なA３の紙〟がどんどん積み上がっていくのです。

あえて作業ステップを複雑化させることで、仕事を一生懸命しているふうに見せているのでしょうか——それがないとは一概にいえないのがこわいところです。

日本は世界的にも豊かな国で一応技術立国ということになっているのですが、こと働くことに関しては科学的なアプローチからほど遠いところにいる不思議な人たちなのです。結果的にストレスや長時間労働で過労死も増えています。

このような誰ひとりとして幸せにならない働き方をしている日本人のことを、海外の人たちのなかには「頭がおかしいのでは……」とあざ笑う人もいるのです。

ここが変だよ！日本人③——「マスコミ」がおかしい！

日本と世界のズレをよくあらわしていることのひとつに、わが国のマスコミが「とても変わっている」ということがあげられます。

欧米のマスコミは「権力の監視機関」

他の先進諸国の場合、マスコミというのは権力の監視機関です。だから権力の象徴である政府や役人といった人々とは半ば敵対関係になりやすく、批判精神を有するのが当たり前です。

あくまでも「権力を厳しくチェックする機関」なので、そこで働く人々は一般的なサラリーマンとはかなり異なった考え方をしていて当然です。

英語圏の場合はテレビや新聞、雑誌など、マスコミで働く人々は勤め人ではあっても、その考え方というのは自営業に近いものがあります。

マスコミに就職したい人は大学にいる頃からさまざまな職場でインターンを経験し、下働きをして、人によっては一年も二年も無給で仕えて社内外にコネをつくり、そこで実績を積み上げつつ、ようやく認められてやっとのことで雇われます。

晴れてマスコミに就職すると、多くの人はまずは地方にある放送局や新聞社、タウン誌や小さな出版社で働いて実績づくりに励みます。新聞の場合であれば、署名記事をたくさん書いて仕事の成果を徐々に積み重ねていくのです。こうして一生懸命働いて実力を証明できるようになると、都会の大きな新聞社や出版社・雑誌社、放送局などに転職、つまりはステップアップできるのが一般的な立身出世コースです。

こんなふうに海外のマスコミは基本的に実力主義なので、ただ長いだけのキャリアはまったく無意味。良い実績を重ねていかなければさらに優良な同業他社に雇ってもらえないのです。仕事の地位や報酬と実績を連動させると考えた場合、実にまともな働き方ではないでしょうか。

実績がすべてだからこそ批判的精神が旺盛であり、社内での出世を考えないこともないのですが、キャリアを積み上げたその先が独立してフリーランスになって高い報酬を得ることなので、日本のマスコミの人々とは考え方がまったく異なります。

日本のマスコミはクビにならない

日本の場合はマスコミであっても新卒でいったん会社に入ってしまえば、かなり大きな失敗でもしないかぎりはクビになることはありません。

ですから、そのマインドセットはおのずと公務員のようになってしまいます。一応は特ダネなどを追いかけますが、基本的には一介のサラリーマン。彼らにとっていちばん大事なのはジャーナリズムではなく上司の顔色をうかがうことです。

独立や転職などはあまり頭の中にありません。最近は経営の苦しいマスコミ機関もあるので転職する人もいますが、英語圏のマスコミ人に比べると独立性や自主性といったものの考え方からはほど遠い人が大半でしょう。

日本のマスコミから流される情報というのは、こうした公務員的な考え方の人たちが報道内容をつくりあげるものなのでどこも似たり寄ったりとなり、まさに護送船団方式。

そこには批判精神やオリジナリティといったものはほぼありません。

新聞の場合は署名記事でないものも多いので、何を書いても記者個人の実績や責任が問われることはなく、そういうこともあってか一生懸命勉強しようという気力もやる気もそれほどわかないのです。

テレビの場合もまったく同じであり、局の人々はあくまでもビジネスパーソンです。日本の視聴者もおとなしくて批判する覇気もないので、テレビ局に対して直接抗議をする人も多くはありません。したがって、わが国の視聴者はテレビから流される情報を無条件に信じがちなのです。

だからこそ、経済的な大事件や外交的に重要なイベントが起きているのにもかかわらず、日本のテレビでは芸能人の不倫問題やレストランなどのグルメ情報ばかりを垂れ流していても国民の多くは疑問を抱きません。

最近では歴史的な米朝首脳会談がおこなわれることが決まった日に、日本のテレビや新聞、ネットで流されていたニュースというのは人気アイドルの淫行問題などでした。同じとき、アメリカやヨーロッパのテレビや新聞、ネットのトップニュースなど、そのほとんどは、やがて実施される米朝トップ会談の行方やアメリカの政策動向、はたまたシリア情勢などが報道の主流だったのです。

政治問題を置き去りに芸能ゴシップを追いかける

今の日本においてもっとも重要なのは経済問題でしょう。

日本国民が議論すべきこととしては、国の財政問題、増え続ける非正規雇用の人をどうするのか、高齢者の介護費用はどう捻出するのか、外国人研修生を積極的に受け入れるべきなのか——といった国の命運を左右するようなことがいろいろとあるはずです。

ところが日本のマスコミは朝から晩までワイドショー枠で芸能関連のテーマを中心に取り上げ、それに加えて政治家が犯したセクハラ沙汰のようなニュースが続く。世の中には政治をはじめ、もっと重要な出来事が起きているにもかかわらず時間枠に収まらないということでそれらを伝えることはほぼありません。

視聴者がそういった芸能ゴシップ情報などを求めているのか、それともマスコミの人々が国民を欺くために一見くだらないと想定されることばかりを報道しているのか、どちらなのかはっきりしません。でもマスコミが本当に重要なことを真面目に議論しないのであれば、視聴者のほうはそういった問題が世の中に起こっていることすら気がつかないので批判のしようがないのです。

絶望的なのは大卒以上の比較的教育を受けている人たちも受け身な考え方でまったく批判をしないことです。

これは外国の人々から見ると実に不思議なことであって、こういった批判精神のなさが「日本は豊かになっただけの社会主義国」だといわれてしまう大きな理由のひとつになっているのです。

ここが変だよ！日本人④――「政治」がおかしい！

一九七〇年代から日本では「経済一流、政治は三流」といわれてきました。しかし、ここ二〇年ほどは「経済三流、政治は六流」ぐらいになっているのではないでしょうか。

日本の政治を心配する外国人

今、海外の人々が日本を語るとき、最初に出てくる言葉は「日本は大丈夫ですか？」が大半です。ようするに「日本の政治は本当に大丈夫なんですか？」という意味です。これは今、私が住んでいるイギリスだけでなくイタリアやアメリカ、フランスでも言われたことです。

最近二〇年くらいの日本の政治は、政治学、行政学、経済学の常識から外れまくったことをやっているので外国の人たちは心配しているのです。

たとえば景気を刺激しなければいけないのに、わが国ではなぜか購買行動を抑制するかのごとく、今まさに消費税をアップしようとしています。少子化で人口が増えないし国力が低下すると大騒ぎをしているのにもかかわらず、その根本的な原因を数値的に探求せず、効果のある政策をきちんと実施していないのです。

大学院修士レベルで統計学や経済政策を学んだ人であれば、少子化の原因は長時間労働や出産年齢にある人々の実質賃金が減っていること、非正規雇用の増加で雇用の不安定性を抱えているからだということがわかります。しかし、日本の政治家も官僚もこの根本原因をきちんと検証せずに、増税という小手先の政策でごまかしている状態です。

子どもが産まれないということは将来的に労働者や消費者になる人が減ってしまい、国全体が貧しくなることを意味しますが、誰も根源を解決するアクションをとろうとしません。労働人口が減り高齢者が爆発的に増加し国の借金も増え続けているというのに、日本国民は国や地方自治体が次々とつくる新しい公共施設や道路を見ても、なんら疑問に思わなくなってしまっています。

政治に無関心なのに便器の機能を自慢する日本人

これらの無駄な建物や道路にかかる費用は借金で賄うことが明白で、あと二〇年もすればおそらくメンテナンスもできなくなってしまうのですが、日本の置かれた現状と将来を客観的に見て政治の問題を真剣に考えようという人はそう多くありません。

税金や社会保障費も年々上がっていて、給料の手取りは減っているのですが、そこを細かく計算をして疑問を持つ人も少ないのではないでしょうか。

吉野家の牛丼が一〇円値上げになるというニュースが流れると大騒ぎをするのにもかかわらず、自分の所得税や社会保障問題にいたっては不思議なほど無関心なのです。

海外の人から見ると、自分のお金や国の将来にあまりにも無自覚な日本人は、楽観的な人々というのを通り越して〝単なるバカ〟に見えてしまいます。

とはいえ、そういうバカな日本人たちは外国人に対して「わが国の温水洗浄機能付便器はすごい！」というように、どうでもいいことを自慢しているのが現状なのです。

ここが変だよ日本人⑤――「社会」がおかしい！

ここまで紹介してきたとおり、日本社会はとても奇妙な決まり事にあふれています。その代表的な事例が、日本人が縦社会の関係をたいへん重視していることです。この「縦社会の関係」というのはいったい何なのでしょうか――。

いたるところに〝縦社会〟がはびこる日本

日本の社会における個人の役割は場面ごとに決まっており、普段の生活から仕事、そして趣味の世界にいたるまで〝縦社会〟が支配しています。

たとえば日本人同士の集まりに出かけていくと、それが仕事であっても町内会の会合であっても、なぜか年齢や性別、出身地といった属性により、その人の大まかな立場が決まってしまいます。そして、そこから外れた行動をとると周囲の人々からひんしゅくを買ってしまうのです。もっとも顕著なのが職場における「縦の関係」でしょう。

日本の会社だと、若手や新入社員が会議の場で、他の社員や上司の提案に対して違った意見を唱えることはまずありえません。立場的に自分より歳が上だとか経験豊富な人、社会階層の上位にいる人に対して積極的に自分の考えを述べることは結果的に和を乱すことになるからです。

日本に存在する多くの会社の会議は意見を交換する場ではなく、あくまで顔合わせをする儀式的な場にすぎません。会議というのは本来議論をしてアイデアを採むような機会なのに、誰も意見を言わずにシーンとしていてなんとなく議事が進行し、長時間ダラダラと書類を読んで終わってしまう——なんていうこともあります。

一方、英語圏の場合は日本ほど社会的地位にそれぞれの人がとらわれないので、会議はあくまでその名のとおり関係者一同が〝会して議論〟をしたり確認したりする場です。一分一秒も無駄にせず活発な意見を交わすことも少なくありません。

もちろんその場の空気を読むことや、会社組織の中で相手の意見を一方的に批判するのが難しいことは日本とあまり変わりません。とはいえ日本に比べて大きく違うのは、問題がある部分はズバッと指摘するし、何かよいアイデアを思いついたらそれを素直に発言している光景がけっこう見られることです。

議論が活発化しない日本の会議について外国の人々は不思議に感じて、「日本人は何も考えていないのか？」といったことをよく聞いてきます。ところがしばらくすると彼らは、日本人の間には強固な社会的なヒエラルキーといったものが固定化されており、その枠を破ってまで意見を論述したり他人にたてついたりすることは調和を乱してしまうため、そのような行動は起こしてはいけないことを知るのです。

男女差別がここまで激しいのは日本だけ

こうした厳しい「縦社会」の日本では、男女の性差が重要なファクターであることもたしかな事実です。男性は常に男性らしくという考え方がいまだに根強いですし、他の先進諸国に比べると、女性は日本社会で規定された役割からはみ出すことにまだまだ勇気が必要です。

はみ出してしまうとコミュニティのなかにいる人々からなんとなく異端な存在に扱わ

れてしまうとか、仲間外れになってしまいかねません。別に暴力を振るわれたりするわけでなく、あくまでも〝なんとなく〟なのですが。

とくに女性の場合は周囲の男性からだけではなく、同性からの圧力も相当なものです。女性らしくない服を着るとか、女性があまりしないような仕事をすると周囲の女性から避けられてしまったりする。そうなると飲み会に呼ばれなくなったり、自分にだけ旅行のお土産が配られなかったりすることなど日常茶飯事です。

ところが他の国では、このような女性の社会での位置づけに日本ほどこだわらないところが多いので、日本人女性が自国のコミュニティの同調圧力から逃げられず苦しんでいる姿をとても不思議に感じてしまうようです。

民族や人種が多様なアメリカやヨーロッパ北部だと、さまざまな人たちが共存しているので社会における立場を日本のようにがっちりと決めつけるのはとても難しく、日本人からするとまったく「ルール」が存在しないような印象を受けます。とくにそうした地域の人たちからすると、日本はとても不自由で堅苦しい土地に見えるのです。

ここが変だよ！日本人⑥――「文化」がおかしい！

クールジャパンが大好きな日本人は、わが国の特殊な文化は外国の人々にとって、とても魅力があると信じています。しかし実際のところはどうなのでしょうか――。

未成年者を性的な対象として扱う文化が蔓延!?

いわゆる「クールジャパン」とは、日本のアニメが海外でとても受けていること、未成年も含めたアイドルに人気があること、社会のあらゆるところに〝ゆるキャラ〟が存在していること、庶民でもブランド品を持ち歩くこと、外国の食べ物も日本独自にアレンジして楽しんでいること、ビジネスパーソンは寝る間も惜しんで仕事の質を追求すること――などです。

しかし残念ながら日本のテレビや新聞・雑誌などで騒いでいる「クールジャパン」というのは、実際のところ外国の人々にとっては気味が悪かったり、単に奇妙なものにしか見えなかったりすることもあります。

能力不足や闘争心不足で、自国では稼げないために日本へ出稼ぎにきているお雇い外国人のヨイショなどで日本人は勘違いしていますが、こうした「日本の特殊な文化」は多くの外国人から見るとクールでもエキゾチックでもなく、どちらかというとエキセントリックでおぞましいものに映ることもあるのです。

その最たる例は、見方によっては、未成年者を性的な対象として扱う文化がひどく蔓延していることです。テレビのスイッチを入れれば幼い顔の中学生や高校生アイドルが、極端に短いスカートをはいて歌をうたっている。外国の人たちからすると、そういうアイドルは中学生どころか小学生にしか見えないことが多いようです。

ところが日本では、そうした女の子たちのグラビアが雑誌やネットに登場し、とてもセクシーなものとしての扱いを受けています。コンビニエンスストアの雑誌コーナーにはそのようなギャルたちを掲載した雑誌が堂々と売られており、成人モノとしての分類すらされていません。

コミックマーケットや同人誌を販売している書店を覗いてみると、海外の人の感覚では、これはまるで小学生ではないかとおもえるようなキャラクターが満載された成人向けの漫画が大量に販売されており、それをかなり年齢のいった大人たちが買い集めているのです。

他の先進諸国では幼い少女たちを広告に使っても消費者の受けはよくないし、児童や幼児を題材にした性的な創作物は販売することができないばかりか犯罪です。こうした日本の光景を見てたいへんなショックを受ける外国人がとても多いのです。

日本中に存在しまくるキャラクターは必要か

さらに外国の人々は、日本の犯罪率は先進国だけではなく世界でもっとも低く、他の先進国では当たり前の暴力的な性犯罪も日本のほうが少ないという事実にも衝撃を受けています（とてもいいことではありますが）。性的にも見えるようなコンテンツをファンタジーとして楽しむことが社会的に許容される一方で、生活をするのに暴力的な犯罪のことや治安をまったく心配する必要がない日本はとても奇妙な国なのです。

日本では日常のいたるところに可愛いキャラクターが存在しています。お役所や警察署など〝お堅い〟ところにもそうしたグッズが使われていますし、電車やバス、タクシー、商品パッケージ、学校、歯ブラシ、靴下、トイレ、家具といったありとあらゆるところが可愛げなキャラクターで埋め尽くされています。

まるで日本社会全体が隙間をキャラクターで埋め尽くさないと死んでしまうという人々だらけのようにも見えます。とにかく日本にいるかぎりは行く先々で、見方によっては「気色がいいとはとても思えない感じで微笑みかける」キャラクターたちから逃げることができないのです。このようなキャラクターの氾濫は日本独自のもので、外国人からみると可愛いとか癒されるというレベルを通り越して不気味な域に達していることも多いようです。日本人は良かれと思ってあらゆるものにキャラクターを貼り付けるのですが、外国の人たちからするとその感覚はまったく理解できません。

無愛想な顔をして真っ黒なスーツを着た役人たちが、どれを自分が所属する団体や自治体のイメージキャラクターに選ぶべきか——ということを延々と議論している姿は気味が悪いとしか思えないのです。

ここが変だよ！日本人⑦——「行動」がおかしい！

日本人の「行動」は外国人から見ると、とても奇妙なものに見えることが少なくありません。そのなかでも私が外国人からもっともよく質問されることは、「なぜ日本人は〝他人〟の前ではあんなに酷い行動をとるのか」ということです。

身内だけを大切にする日本人

周りが知らない人だらけとなると、その場のルールを無視して勝手に写真を撮ってしまうとか、イベントなどではわれ先にと周りの人を押しのけて前に出ようとするといった人が日本には少なくありません。

もちろん他の国にもマナーの悪い人たちはたくさんいます。けれども、周りに仕事の関係者や自分の知り合いがいないとなると、ジキルとハイドのように人格が変貌してしまい、とたんに無礼な人になってしまうのは日本人の大きな特徴でしょう。

他の国のマナーが悪い人たちだと、周りに知り合いがいてもいなくてもマナーが悪いのです。これも大きな問題ですが、日本人の場合は時と場合によってその態度を大きく変えてしまうことが、外国の人たちを戸惑わせているのです。

相手が自分と利害関係になかったり知り合いではないとなると、とたんに会話も冷えびえしたものになるとか、順番を譲らなくなることが見受けられます。こうした行動は、日本人は「とても親切で礼儀正しい」と聞いていた外国人からすると、たいへん驚くべきことなのです。

こうした傾向は職場でもまったく同じことがいえます。

正社員同士はお互いをかばい合うのですが、派遣社員や契約社員、さらには外注スタッフの人たちにまるで人間ではないような扱いをする人が多くいる。

日本人は〝自分の村の中〟ではない人間はどうでもいいという態度をとるのが当たり前なのです。お店の店員さんや清掃人、ウェイトレスやウェイター、警備員の人などに対しても差別的な態度をとる輩《やから》は少なくない。こうした人たちは「自分のコミュニティから外れた赤の他人」という認識をするからです。

他の諸外国の場合は、派遣社員や契約社員、外注する会社の人たちであってもあくまでも仕事上のパートナーであり、役割や契約条件が異なるというだけの話なので態度がものすごく変わるわけではありません。

社会的な階層で人間を差別する日本人

社会における階層をたいへん強く意識する中東湾岸地域やインドであれば、日本人のような態度をとることもあるのですが、少なくとも海外の先進国でとりわけ英語圏だと日本のような激しい差別をすることはほぼありません。

むしろ派遣社員や契約社員など、自分よりも社会的に弱い立場にある人々に対しては多めにチップを払うとか「仕事を終えたら早く帰ってくださいね」などと気を遣うことのほうが多いように思われます。

これは自分の寛容性を他人に示すことで人間関係を円滑にし、良い気分で仕事をしたりサービスを受けたりしようという態度のあらわれでもあります。いくらお金を払っているといっても相手には仕事をしていただくわけですから、お互いに気持ちのよい関係を築いたほうがいいに決まっています。

ところが日本人は、仕事やサービスが金銭を媒介した取引にすぎないと思っている人が多いような気がします。いったんお金が絡むと上下関係が発生すると考えている人が多いので、立場が弱い人に対して差別的な扱いをしたり無礼な態度をとったりする人が少なくありません。

日本人のこのような態度を垣間見た外国の人々は、その抱いていた「丁寧で優しい日本人」のイメージと大きく異なる冷酷さや野蛮さにたいへんなショックを受けることになるのです。

第2章　世界は日本をバカにしている

日本（人）に対する世界のイメージ今昔

ここ二〇年ほどで「世界における日本のイメージ」は大きく変わってしまいました。

一九六〇年代から七〇年代の日本人は「ウサギ小屋に住むエコノミックアニマル」と呼ばれ、安い資源価格、安い人件費、戦火によって生産設備が破壊されたあとに導入した最新設備を土台に、アメリカをはじめとする先進国の知的財産などを格安で使用して生産した廉価な製品を次々と輸出することで売上・利益をあげてきました。

また、当時の日本はアメリカにとって極東におけるソ連、中国、ベトナム、ラオスなど共産圏に対する防御壁として機能していました。そのためアメリカの強大な軍事力の傘のもと、安全保障費用の節約が可能で、多くの資金を技術開発に向けることが可能だったことも幸いしました。

さらに、これは当時製造業の技術開発部門で〝中にいた人〟と話せばよくわかることですが、このころの日本の製造業は海外から最新の車や機械を輸入してこっそりと解体することで技術を〝盗んで〟いました。だから技術者はドイツ語や英語を「解読」することにも長けていた。技術文書を読めなければ仕事にならないからです。現在の中国や韓国とやっていることはさほど変わりません。

そして一九八〇年代になると、たくさんのキャッシュを手に世界中の不動産やリゾート地を買い漁《あさ》りました。三菱地所がニューヨークのロックフェラーセンターを買収したことなどは当時を代表するバブル経済時代の典型例といってもいいでしょう。

このころの世界のトップニュースといえば、日本人がいくらで海外の代表的な不動産を買いたたいていったか、日本人の旅行者が大勢やってきては爆買いしている——といったことでした。今の中国人によって日本国内でなされていることは、まるで当時の日本人の姿を再現しているかのような風景にも見えます。

欧米では日本人のおかげで地域経済が救われた

こうした八〇年代の日本人のイメージというのは「札束を握りしめた猛烈サラリーマン」であり、第二次世界大戦の枢軸国だとか、忍者や芸者といったエキゾチックなイメージも交ざり合って、多くの先進国では「日本人は不思議な文化をもつ経済的脅威だ」と恐れられていたほどです。

日本がバブルに狂喜乱舞していた八〇年代、世界各地には戦時中に日本人と実際に戦った人たちもまだまだ存在していました。彼らの中には先の大戦での奇襲や特攻が得意な日本兵の獰猛《どうもう》なイメージと、無造作に札束を握りしめ不動産を買い漁る日本人の印象が重なり合い、得体の知れない忍者たちが自分たちの国を支配しに来るのではないか——と不安に思った人たちもいたのです。

その一方で、アメリカやヨーロッパでは日本人のおかげで地域の経済が救われたこともありました。

以下、一例を挙げます。イギリス北部にあるサンダーランドは炭鉱が閉鎖され、発電所や鉄鋼など関連産業の工場も閉鎖されてしまい、大量の失業者が出ました。その結果、産業構造に柔軟性がなくなり、当時の世界経済の動きに対応できなくなっていたのです。また生産性の低下や強すぎる労働組合の存在も問題の種でした。

そこで当時のサッチャー政権は、サンダーランドをはじめとするイギリス北部の非効率な産業を閉鎖してイギリスを知識産業中心の国に生まれ変わらせるという決定を下したのですが、それは大量失業による地域の破壊という痛みをともなったものでした。

とはいえ、失業による地域の破壊はなんとかしなければいけないので、イギリス政府は日本の政府と企業に頭を下げて多数の日本企業を誘致しました。その一環としてサンダーランドには欧州最大となる日産自動車の工場が建てられることになったのです。

また日産だけではなくコマツなどの企業も進出して雇用を生み出すのに多大な貢献をしました。こうしてこの地域（サンダーランド）は日本の企業によって救われたのです。これはアメリカにおいても同様で、片田舎に日本企業が次々と進出したことで地元に新たな雇用が生み出されていった時代もありました。

外国映画に表現された得体の知れない日本人

世界における日本のイメージは当時の各国の映画やドラマを観てもよくわかります。アメリカ映画の場合、当時たくさん製作されていたB級やC級の忍者映画に、謎の服

（柔道着）に身を包んで奇声を発する日本人とか、ド派手な色を施した装束の忍者が大勢登場します。これは経済力を得た日本人のイメージをそのまま反映したものでしょう。当時アメリカの製造業は著しく停滞していたので、外からやってくる最新技術を携えた豊かな日本人というのは、忍者のような得体のしれない人たちだったのです。

そうして海外進出した日本人が他の国の人たちとの接触を増やすにしたがって、日本の文化はとてもエキゾチックなものとして知られるようになります。

アメリカを中心とした先進国で寿司が広まり、柔道や空手といったものもよく知られるようになりました。こうした日本文化は少々怖いイメージはあるものの、西洋の文明とは根本的に異なり、とても魅力的なものに映ったのでしょう。

一九六〇年代から八〇年代にかけて日本の経済的な影響力が増大するのにともない、日本はアメリカをはじめとする西洋諸国のビジュアルイメージ文化にも多大な刺激を与えるようになりました。

イギリスのビジュアル文化や音楽がアメリカに大きな変化を及ぼした「The British Invasion」（イギリスの侵略）にたとえ、このようなわが国の影響力を「The Japanese

Invasion」（日本の侵略）と呼ぶことさえあったのです。

かつては「クールな未来国家」のイメージだった日本

一九六〇年代には黒澤明監督の作品をはじめとする数々の〝侍映画〟が海外に紹介され、アメリカ映画の巨匠スティーヴン・スピルバーグなどを愛好する映画好きな若者たちは、西洋世界の予定調和な物語や様式とはまったく異なる日本の文化に大きな影響を受けてきました。

また『スター・ウォーズ』の監督であるジョージ・ルーカスはもともとキリスト教徒でしたが、今や日本の「禅」に大きな影響を受けている仏教徒です。彼は黒澤映画の筋書きやシネマトグラフィーを元にして『スター・ウォーズ』のストーリーを書き上げましたが、三船敏郎がオビ＝ワン・ケノービ役をオファーされたことがよく知られています。

スティーブ・ジョブズもまた禅に没頭し、瞑想にふけっていたほどです。アップルの製品は日本の禅のイメージからシンプルさを追求し、英語圏の家電やコンピュータとはことごとく異なる世界観をつくりあげました。

シカゴ出身のロックバンドであるＳｔｙｘ（スティクス）が一九八三年に発表したコンセプトアルバム『Kilroy Was Here（キルロイ・ワズ・ヒア）』には「Mr. Roboto（ミスターロボット）」という曲が収められています。この曲の冒頭には日本語で「どうもありがとう、ミスターロボット」というメッセージが電子音で収録されており、未来の先を行くような日本のイメージを曲に反映させたものです。

同じ頃に劇場公開された映画『ブレードランナー』のイントロ部分で、主人公を演じるハリソン・フォードは酸性雨が降り注ぐ未来のロサンゼルスを想定した屋台でウドンをすすり、街中のビルには「強力わかもと」の巨大な広告が掲げられています。

ネオンが光り輝く未来のアメリカは、大阪の道頓堀や新宿の歌舞伎町のイメージそのもの。当時のアメリカ人にとって日本は、未来国家を想定するような何かクールで不思議なところだったのです。

マイノリティの〝希望の星〟だった日本

やはり八〇年代に大ヒットした『ベスト・キッド』という映画は、メキシコ系のシングルマザー家庭で育った気弱な少年が、沖縄出身の日系人であるミスター・ミヤギから空手の教えを受けていじめっ子をやっつけるというストーリーです。ここに登場するミスター・ミヤギは空手の達人ですが、英語は必ずしも堪能でなく、多くは語りません。

この映画は現在四〇代以降の人々にとってはとても思い出深い作品であり、いまだに熱心なファンコミュニティが存在するほどです。

注目すべきなのはメジャーな映画なのにもかかわらず人種的少数派だったメキシコ系が主人公となり、ミスター・ミヤギが象徴する日本人が、正義、善、家族愛を代表していることです。人種的少数派であるメキシコ系が、不思議な日本人と疑似親子的な師弟関係のなかで武道を学び、憎き敵（白人）をやっつけるのです。

こうした人種的マイノリティが立身出世していく構造は、イタリア系アメリカ人がボクシングにより社会的な成功者になる映画『ロッキー』と同じです。そこに西洋文化とは明らかに異質で、かつては敵対国でしたが、のちに経済大国となった日本という文化が入り込むことによって、「異なる文明でも勝つことができる」というシンボリックなメッセージが語られています。

かつての日本は異質であり脅威である一方、アメリカのマイノリティにとっては希望の星的な印象もあったのです。

八〇年代のイギリスでは日本のドラマ『西遊記』が地上波で放映されて、たいへんな人気になりました。この和製ドラマはイギリスでは現在もＤＶＤが売られているほどのカルト的な人気をほこります。

当時の人気バンドだったゴダイゴが奏でる主題歌もそのまま放送されましたし、出演していた堺正章さんや西田敏行さんは、今の渡辺謙さんよりも知名度が高かったといっていいでしょう。英語圏のドラマとはまったく異なる演出、筋書き、キャラクターに多くの子どもたちが魅了されたのです。

また、『将軍ＳＨＯＧＵＮ』という小説を元にした日本が舞台のドラマも、のちに日米合作で映画化され、アメリカやヨーロッパではすっかり人気となりました。アメリカに比べると流行が訪れるのが遅い印象があるイギリスであっても、日本的なものはとにかくクールで、エッジの効いた最先端なものだったのです。

同じころフランスやイタリアではテレビの多チャンネル化が進み、その枠を埋めるために日本のアニメが大量に放映されるようになりました。こうして今の三〇代後半から五〇代の海外の人々は日本のサブカルチャーにどっぷりと浸かることになります。

当時の欧州大陸では日本人に対して何か特殊な思い入れのある人々は多くなかったのですが、日本アニメを大量に放映すると決めた理由は、値段が安かったからというだけではなく、やはり日本に対する興味があったからではないでしょうか。

バブル崩壊で一転した日本（人）のイメージ

ところが、バブルが崩壊すると日本のイメージは大きく変わります。

海外のメディアでは日本の債権処理問題や金融引き締め策が連日のように取りざたされ、日本に関する前向きな報道はどんどん減ってしまいます。そもそも日本から先進的なネタが流れてこないのですから伝えようがなかったのです。

このころ、「日本人が海外の不動産を買い漁る」といったニュースの代わりに話題になりはじめたのが、日本の債権処理にはヤクザが絡んでいたことや、日本企業の内部における不正発覚や女性差別などといった日本の構造的な問題です。

とくに二〇〇〇年以降は著名な大手企業による金銭スキャンダルのように、日本を代表する企業の内部通報や内部告発、不正疑惑が大いに注目されることになります。

また日本に関する報道で国内外に大きな影響があったのは、やはり二〇一一年の東日本大震災ではないでしょうか。日本で発生した自然災害の大きさは世界の度肝を抜いたのですが、なによりも驚かされたのは福島第一原子力発電所（福島第一原発）に関するさまざまなニュースでした。

復興が驚異的に早くて道路が数日間で直ってしまった、災害があったのに暴動にはならず秩序が保たれた――といった前向きなニュースもありました。しかし、それ以上に注目されたのは、原発で働く人々への冷徹な待遇とか事故を起こした関係者が処罰されないこと、被災者に対する支援が不十分なことでした。

その前後に報道されていた企業の度重なる不正発覚などと合わせて、この時期に日本のイメージは非常に悪い方向へ進んでしまったといわざるをえません。バブル崩壊までのわが国は、世界経済をリードして未来を象徴するようなキラキラと輝いた国だったのに、今や災害で悲惨な目にあった人たちをないがしろにしているのです。

原発事故で海外観光客が日本を敬遠

原発問題での日本の対応といえば、ホームレスや外国から〝騙して〟連れてきた研修生を働かせ、まるで知らんぷりです。責任者は巨額な退職金を受け取るけれど責任はとらず逃げ腰になってしまうといった有様で、かつての日本とのギャップがあまりにもひどすぎます。

残念ながら二〇一八年の現在においても、「フクシマの汚染が怖いので日本には行きたくない」という外国人がかなりいるようです。日本国内では福島第一原発の事故はすでに終わってしまったようなイメージですが、実は海外のほうが関心の高い人が少なくないのです。

とくにヨーロッパの場合は光熱費が割高です。かといって中東やロシアに資源を頼ることは政治的なリスクが高いため代替エネルギーの活用に熱心ですが、原発はその危険性やコストの問題から将来の主要なエネルギーではないと考えている人が多いようです。

災害国である日本がどのようなリスク回避策を実施し、コスト問題をどのように解決するのかということについては世界から高い注目を浴びているのです。

実は世界でまったく注目されていない日本人

日本のことが世界各地でよく知られるようにはなりました。とくに大地震から派生した大きな津波被害と原発事故は世界を震撼させた一大トピックでした。

しかし、海外の人が抱く日本のイメージは、最近わが国で流行っている「日本スゴイ！」系のテレビ番組で放送されるような、「海外で注目を浴びる国」では決してありません。

あくまでもワン・オブ・ゼム（One of them）であり、たくさんある国の中のひとつにすぎないのです。

それに、どこの国でも同じことがいえるのですが、外国のことをよく知っているのは教育レベルが高い人、海外と交流が多い人、さらには好奇心から海外に興味があるような人に限られてしまうことが少なくありません。

先述しましたが、アメリカやヨーロッパの大都市であっても、外国に興味がない人の場合は日本と中国の違いさえわからない。大学を出ているような高学歴の人であっても、日本と北朝鮮は陸つづきになっていると信じている人だっています。

そんな一般的なレベルの人たちは日本のコンビニエンスストアがいかに便利で日常生活に密着しているかということには興味がないし、ましてや憲法第九条の何たるかなんてまるで関心がない。アメリカ軍が日本の各地に駐留していることさえ知らない人が多くを占めます。そしてまた、かなりの日本人が西洋式の家に住んでいることもわかっていない外国人だって大勢いるのです。

逆に日本からすると、チェコスロバキアとウクライナがいったいどこにあるのかわからない人が多いのと同じようなものです。それに日本人だって、フランス人とイギリス人の見分けがつく人は多くないでしょうし、リトアニア人とロシア人にいたっては違いがわかる人のほうが断然少ないはずです。

また欧米人によっては、残念ながら東アジアに対してあまり好ましい印象を持っていない人もいます。とくにヨーロッパの場合は、それほど裕福ではなく教育レベルが低い人たちが多い地域で差別意識が顕著です。

こうした地域は東洋人に対してだけではなく、外国人全体に対して排他的であり、同じ国の人であっても、どこか遠い街から来た人に対しては差別的です。

これはかつての日本の江戸時代のような感じだと考えていただければよいでしょう。顔つきや文化がまったく違う東洋人となると、どうしても排他性が強くなってしまうのです。イタリアでも田舎のほうとかガラの悪い地域だと、車の中から「チネーゼ（中国人）」と大声で呼ばれたり、お店や温泉などで足蹴りをされたりすることもあります。これは私が実際に体験したことですが、豊かな地域だとありえないことです。

「日本の悪い面」を取り上げる欧米の報道

ここ二〇年ほど、アメリカやヨーロッパ諸国のメディアが日本のことを取り上げるときは、ネガティブな話題が多いものです。

反日だとか日本が嫌いだとか、意図的に誰かの陰謀だというわけではありません。しかし、どういうわけか後ろ向きの話題ばかりが目立ってしまうのです。一九七〇年代から八〇年代までに国民の誰もが体験した日本の勢いと比べると、現在のわが国の凋落《ちょうらく》ぶりというのが凄まじいギャップとして映るから——といった理由もあるでしょう。

欧米の番組でまず必ずといっていいほど取り上げられるのは、日本の少子高齢化問題です。

なぜ他国が日本の少子高齢化に注目しているかといえば、世界でもっとも早く高齢化が進んでいる国だという事実からでしょう。もちろんただそれだけではなく、実は少子高齢化は先進国共通の課題であり、日本がこの問題を政策的に、また経済の面からどのように解決するかということにたいへん注目しているからなのです。

しかし、他の先進諸国では出生率が日本ほど低くありません。多くの国では若年人口も増えていますが、アメリカやイギリス、フランスの例からもわかるように、実はこれらの国の人口増加は、出産年齢層に当たる若い世代の移民によって支えられているのです。

もともと現地に住んでいる中流以上の人々は日本と同じく少子傾向で独身者も多く、子どもは一人か二人が一般的。生活費と教育費の高騰に加えて雇用の不安定化で、こちらも日本と同じく、今や結婚自体が贅沢なことなのです。

イタリアやスペインの場合などは若年層が正社員になるのは日本よりもはるかに難関であり、四〇代になっても親と同居という人が少なくありません。平均寿命はどの国もどんどん伸びているので高齢化も進んでいます。

また日本とは異なり、アメリカやヨーロッパ北部は多くの移民を受け入れているので人口の流入もあり、さらには移民者の出産で人口は増加し、土地のニーズは高く、不動産価格も上昇しています。とはいえ少子化や高齢化は根本的に解決されているわけではないので、〝少子高齢化先進国〟と皮肉られる日本の事例を参考にしたいと考えている人が多いのです。

〝反面教師〟にされている日本

少子高齢化問題の次に日本の話題で取り上げられることが多いのは、バブル期の債権処理とその後の発展についてです。

二〇〇八年に発生したリーマンショックでは、金融システムの崩壊が大きな問題になりました。そうして多くの国々は金融マーケットにおいて、通貨政策の是正へと動き出しました。またその反面、異様な金融商品が市場に出回って混乱をきたしたことも事実です。

日本のバブル期における債権処理に比べるとマシではありましたが、金融システムの安定性が改めて問われた出来事でした（日本はバブル後の債権処理で金融機関の仕事のやり方が慎重になっていたので、他国に比べリーマンショックの影響が小さかったのは不幸中の幸いです）。

ここで特筆すべきはアメリカやヨーロッパ北部の国々が、日本のバブル崩壊以降ここ二〇年の停滞を〝反面教師〟として学んでいることです。

バブル経済崩壊後の日本では起業が活性化せず、ホワイトカラーの生産性は停滞しており、イノベーションが起きていません。多くの企業は高度成長期に蓄えた〝貯金〟で食いつないでいるような状況で、働き方も大きく変わっていませんし、世界を席巻《せっけん》するような企業も日本からは生まれていません。

それはなぜでしょうか。

まずは、高度成長期の日本が大きな経済成長を遂げた「外的要因」を左に挙げてみます。

・防衛費の相当部分をアメリカに依存することができた。
・戦争により生産手段が徹底的に破壊され新しい生産機械を導入することができた。
・アメリカ等外国を模倣することで新しい技術を導入することができた。
・若年人口が多かった。

・資源価格が今よりも安かった。
・為替レートが自国に有利であった。

日本が高度経済成長を成し遂げられたのは、これらの「外部要因」もたしかにありました。しかしなにより、当時は日本人の起業家精神が旺盛で、創意工夫や技術導入により生産性が爆発的に上がったという「内部要因」もあったのです。

それなのに、なぜ現在の日本がこんなに停滞してしまったのか――というのは外国にとって研究課題としてたいへん興味深いことなのです。

つまり、リーマンショックの大きな影響を受けた海外では、バブル経済崩壊後の日本と同じようなことをしてしまうと経済が停滞し、生産性が下がり、起業家意欲が損なわれてしまう――そう世界から思われているということです。

ところが今の日本人は、海外の人々がこのような厳しい目で日本を見ているということに気がついておらず、「日本スゴイ！」という〝日本の〟テレビ番組を鵜呑みにしてしまっている状況なのです。

外国からなめられている日本

かつてあこがれの対象だった日本は、いまでは「落ちぶれたかわいそうな国」という印象です。そのような変化がよくわかるのが、世界各国のネットでの反応です。

とくに若い人や子どもの間では今やネットで得る情報は動画が中心であり、ネット動画の世界で日本がどのように扱われているかを見ることで日本のイメージを知ることが可能です。

ネット動画の世界には日本人をあざ笑うような多くの外国人が存在します。その代表のひとつが、二〇一八年の初頭に話題となったユーチューバーのローガン・ポール氏による「青木ヶ原樹海の遺体動画」事件でしょう。

以下のURLがそれらの動画に関連した記事サイトです。

■地下鉄落書き、樹海の遺体…相次ぐ外国人の〝非常識〟動画「日本はなめられている」（産経ニュース）

（http://www.sankei.com/smp/affairs/news/180130/afr1801300018-s1.html）

ローガン・ポール氏はアメリカで有名なユーチューバーで、さまざまないたずら動画を投稿しては莫大な再生回数を記録し、決して少なくない収入を得ています。子どもたちの間では大人気なのですが、そのいたずらがあまりにも過激かつ下品なので、自分の子どもが真似をしてしまうのではないかと困り果てている親も少なくありません。

そんな彼にとって日本は格好のターゲットです。

日本に来て撮影したいたずら動画がいくつもあります。

たとえばナイロンでつくられた女性物のペラペラの着物を羽織って都内で犯罪スレスレのイタズラを繰り返したりしていたのです。

そのほかにも生のタコや生の魚を都内で走行中の車に投げつけたり、渋谷の交通量の多い道路で寝転がったり、カフェの窓に生魚を押しつけたり、魚を握った手で店の商品を触りまくり、築地市場に出かけて仕事中のフォークリフトに乗ったり――等々、それこそ大変な大騒ぎです。当然ながら市場の人たちに怒られるのですが、それさえも動画サイトにアップしてしまうという有様です。

さらに青木ヶ原樹海へ探検に出かけ、亡くなったばかりの自殺者の遺体を動画に撮って「怖い怖い！」と茶化して一般大衆にレポートしました。彼のファンである多くの子どもたちが削除前にその動画を見てしまったことで大炎上してしまったのです。

体が小さくクレームをつけない東洋人

日本で撮影した彼の動画を見ると、あまり教育レベルが高くない外国人が日本に対してどんな感情を抱いているのか――ということがよくわかります。

ローガン・ポール氏はオハイオ州出身のいわゆる〝田舎者〟で、教育水準が決して高いとはいえないごくごく一般的なアメリカ人といっていいでしょう。そういった人たちに、日本人だけではなく東洋人全般は、「体が小さくてクレームをつけない、ちょっと奇妙な人種」だと認識されているのです。

これはアメリカに居住する東洋系の人たちに対するイメージも同じで、東洋系アメリカ人は体も小さいし白人に比べると闘争心もあまりない。親や祖父母のしつけがあるので暴力に訴えることはほとんどしないため、おとなしい人が多いのです。

その典型的なイメージは「運動が苦手なガリ勉タイプ」と表現したらいいでしょうか。現実（リアル）の生活が充実している「体育会系リア充」がスクールカーストの頂点というアメリカでは、ガリ勉やオタクは日本や東アジアに比べて人権などほぼないに等しい存在であることも多い。そのカテゴリーに入ってしまう東洋人は常にからかいの対象で、スクールカーストの最底辺に位置しているといってもいいでしょう。

また東洋人は黒人やヒスパニックに比べると数が少ないので、組織化された圧力団体も多くはありません。そのためにどうしても政治力が弱く、差別的なことを言われたりジョークに見せかけた差別をされたりすることも少なくないのです。

とにかく東洋人はそういったイメージを持たれていますから、あまり教育程度が高くないアメリカのマジョリティにとっては甘くみられてしまいがちです。

だからローガン・ポール氏たちはアメリカやヨーロッパでなら絶対にしないようないたずらを日本ではたらき、亡くなった人の遺体をビデオで撮影するようなことができてしまう。こうして我ら日本人を困らせたり怒らせたりして楽しんでいる。自分たちと同じ人間とは思っていないからこその暴挙でしょう。

「誠実だけど間抜け」という二面性をもつ日本人

言葉も異なり、顔つきさえ違う。そしてアメリカの内陸部では食べない人が多い得体の知れない海産物をたくさん食する日本人は、彼らからすればとても奇妙な人々です。たとえば魚というのは彼らにとって生臭いだけのものであり、「魚の臭いがする」というのは「女性器の臭いがする」という意味なのです。

だからいたずらとして魚を人に投げつけるのには侮辱の意味がある。そんなものをありがたく食べている日本人は、教室の隅で勉強ばかりしていて、訳のわからない数学やプログラミングの話をしている東洋系ガリ勉たちと同じ変な奴らだというイメージなのです。

もしも亡くなった方の遺体がアメリカやヨーロッパの白人だったら彼らは同じように撮影することはできなかったでしょう。ところが日本人の遺体だったら簡単に扱う。日本人はおとなしいし外国人に対しても寛容だから、お店の人や通行人が訴訟を起こすこともないし、胸元をつかんで殴りつけることもほぼありません。

これがアメリカで同じことをしたら銃撃されることもあるでしょうし、ヨーロッパだったらその場で押さえつけられてボコボコにされる可能性が高いです。

まずだいたいが他の先進国では治安が悪いところも多く、よそ者が足を踏み入れた途端に注意されることだってあります。こうした反応が当たり前だからこそ、日本人の謙遜や旅人への寛容さは「何かされることを受け入れている」「反撃する気力がない弱い奴ら」と思われてしまうのです。

日本には治安上怖い場所などあまりないし、一般の人たちも実におとなしく心が優しいから、彼らはそれをよく知っていて好き放題やるというわけです。

日本人のこうした人間的な良さやおとなしさは、ネットの動画を通じて世界中に広がります。それをすばらしい、美徳だと賞賛してくれる人たちがいる一方、日本人は間抜けな奴らだからと、悪用する輩もいるということは知っておいたほうが賢明でしょう。

第3章　世界の人々は日本人の「ここ」が大嫌い！

どこが「お」「も」「て」「な」「し」だ！

世界の人々にとって、日本人のおかしな側面が垣間見《かいまみ》えることの代表例として、過剰な「おもてなし」があります。

二度目の開催となる東京オリンピックの招致以来、広く喧伝《けんでん》されている〝おもてなし〟というのは、まるで日本の美徳のような感じで、「日本スゴイ！」番組の常連ネタとして登場しています。ところがこの「おもてなし」というのは正直に言って、日本人のおごった一面を反映しているにすぎません。

本来、日本の〝おもてなし〟は「相手が思っていることや希望していることを自分のほうである程度推測し、先回りして何かをやってあげたりサービスしたりする」ことを指します。

ようするに空気を読んだり相手の考えていることを察したりすることであり、つまり今風にいえば「忖度《そんたく》」であります。

これは日本社会においては「相手が自分の心（気持ち）を汲んでくれた」「気を遣っ

て何かをやってくれた」ということで〝とても嬉しいこと〟のように思えるのですが、文化も言葉も違うところではそういうわけにはいかないことも多いものです。

それはなぜでしょうか――。さまざまな人種やいろいろな宗教の信者がいる土地では、相手の求めることや想定していることを読みこなすのがかなり難しいからです。

食べるものひとつとっても、日本では料理人がすべてを味付けします。一方、お客はそれを自分ではほとんど味を加えないで、「ただ食べるだけ」というのが一般的であり、当たり前のようになっています。

ところが、そのような食べ方をしない文化圏というのも当然ながら存在します。

ちなみにヨーロッパ北部の場合は、味付けは食べる人それぞれの嗜好《しこう》に合わせたいという考え方があるので、料理段階での味付けは最小限にしてテーブルの上で塩や胡椒、ケチャップやらマスタードやらソースなどをかけて自分の好みに味を調整します。

そのため日本のように野菜の煮物やおひたしなど最初から味が付いてしまっていて、自分で好みの味をアレンジできないのは嫌だという人もけっこういるのです。

さらには健康維持のため塩分の量に気を遣っているとか、植物性由来のものしか使用したくないという人もいるので、先にいろいろな味を付けられてしまうと困るというわけなのです。

これは個人個人によって味の好みも見た目の感覚も違うので自分の好きなようにしてください——という北欧の「個人主義」の反映です。

日本と外国では「おもてなし」の方向性がズレている

人間は一人ひとり感性も味覚も異なり、同じということはありません。とうぜん料理に対する思想も違う。だったら自分の好きなようにできるような機会を提供するのが最大の「おもてなし」であり、それが人間性の尊重というものではないでしょうか。

個人の人間性を尊重することは、個人個人が自由に生きること、個人の意思を重んずるということです。これは自分の意志で自由に生きることが幸福の最大の追求であり、個々の人間が幸福になることが社会全体の発展を推進するという個人主義社会の根源的な信条でもあるのです。

また個人の幸福や社会の発展は「神が望む、より良き社会をつくる」ための〝奉仕〟であるといったキリスト教的な側面もあるのでしょう。すなわち、海外では哲学のレベルで「おもてなし」の方向性が日本とは基本的に異なるのです。

こうした考え方は日本にはなかなかありません。

わが国では料理のプロが調理してくれた味付けを無視して自分の好きなように食べるというのは「何という失礼なことだ！」というような風向きになってしまいます。

こうした日本人の考え方は、海外の人にとっては正直いって傲慢でしかないことも多い。相手は自分のとった行為をありがたく思うべきだ、私は相手の心が読めるし、どうすれば顧客が喜ぶかということを完全に把握しているのだ、という態度は単なる思い込みにすぎないのです。

監視されているかのような旅館の過剰サービス

こうした考え方は、わが国の「おもてなし」の代表ともいえる日本のホテルや旅館でのサービスでも同様です。

日本の旅館では女将《おかみ》や仲居さんが、お客さんが要望する前におしぼりを持ってきたり、靴を揃えたり、さらには旅館の判断で予期しないときに係の方が突然やってきては〝勝手に〟布団を敷いてしまったりします。そのうえサービスで歯ブラシや手拭きを持ってきてくれるとか、浴衣の上に羽織る丹前まで持参する手際の良さです。

これらは日本人には心地よいサービスかもしれません。

ところが、こうした細かいことはどうでもいいと思っている海外のお客さんも少なくない。自分好みのものを持ちこんでいるので過剰なサービスはかえって迷惑だということもあるのです。

お客さんを旅館サイドが常に細かく〝見張っていて〟、お客さんの気持ちをはからって先回りのサービスをするという形になっているのですが、これは外国の人からすると実はとても疲れることでもあるのです。

まるで四六時中ずっと監視されているようでもあり、とても気持ちがよいものではない――ホテルや旅館にはわざわざお金を払って休暇をとって来ているわけだから、あまり人に気を遣わず自由にリラックスしたい――という方もとりわけ外国人には多いようです。

飛行機や家電製品の度が過ぎる過剰サービス

これは日本の航空会社の飛行機に乗ったときにも同じことがいえます。日本のエアラインは総じてサービスが過剰であり、飲み物などを頻繁に持ってきてくれることが少なくありません。しかしながらこうした行為は外国人にとって有難迷惑ということもあるので、もう少しサービスの方法を改善したほうがいいのではないでしょうか。

飛行機に乗ったときに外国人が期待するのは、こういった細かいサービスが第一ではありません。テロリストを速やかに撃退するとか、シートの座り心地が良いとか、病人が出た際に迅速な救護をしてくれるといった本質的なことだったりします。ですので日本のような「おもてなし」はさほど有り難がっていないことが多いのです。

ところが日本人は「おもてなし」をすれば誰でも喜ぶだろうと思い込んでいるので、他の文化圏の人たちは考え方が違うということを想像もしていない人が多い。

これは日本の家電製品を見ていてもよくわかることで、細かいボタンがたくさん付いていて説明もぎっしりです。

たとえば洗濯機ひとつを見ても、残り湯を使いまわす機能やそのためのホースが用意されていたり、室内乾燥するために洗濯物を生乾きにする装置がついていたりします。細かい機能がたくさんあるのは決して悪いことではありません。しかし、ボタンがいっぱいありすぎて使いこなせなかったりするのはいかがなものでしょうか。また、機能が複雑ゆえに外装も比較的華奢《きゃしゃ》にできていることが多く、荒っぽく使うと壊れてしまうことも少なくありません。

掃除機に関しても同様です。細かいボタンがたくさんあるため、外国の人からすると一体どのボタンを押していいのか判別がつきかねとても混乱します。

実際のところ外国人が求めているのはそういう繊細な機能ではなくて、たとえばボタンは三つくらいでいいからとりあえず洗いたい、掃除機はゴミさえ吸い取ってくれればいい、という単純さであったりします。

つまるところ日本メーカーの〝忖度〟は傲慢な思い込みの押し付けであることが多く、他の文化圏の人たちにはほとんど通用しない――ということです。

日本人も外国人も「シンプル・イズ・ベスト」を求めている

その一方で、世界的に売れているアップルの商品やアジア圏で爆発的な人気を誇るダイソンの掃除機はシンプルさを究めています。

シンプルなので修理も楽ですし、説明はほとんどなく、感覚的に使えるようになっている。とくにダイソンは部品を別売りしてくれるので修理の際にはすごく助かります。

またアップルの場合、iPhoneを売り出したころは「こんなキーボードがない携帯電話は絶対に売れるはずがない！」と日本ではこき下ろされていました。

私はＩＴ業界の人間なので多くの経済アナリストや経営コンサルタントがそのように推測していたのをよく覚えています。

ところがそれは大外れで、今や日本ではiPhoneはもっとも人気のあるスマートフォン。操作のシンプルさやデザインの単純さが日本人にも好評を博したのです。

ちなみにiPhoneは日本だけでなく、中国やアフリカそしてインドなどでも愛されています。日本のおもてなし的な文化とは正反対の製品ですが、そういったシンプルな製品であるからこそ、さまざまな国々で受け入れられているのです。

これはダイソンの掃除機の場合も同様で、国内メーカーの掃除機に比べるといたってシンプルです。ボタンはオンとオフしかなく特別な機能もほとんどない。先ほども触れたことですが「ゴミを吸うこと」だけに注力しています。

しかも吸引力が凄まじいので埃《ほこり》だけでなくダニなどもしっかりと吸い込むし、ゴミを捨てるのがボタンひとつで済むのでとても簡単です。デザインもたいへん変わっていて、消費者の声を細かく聞いて忖度していたら絶対にできないような製品です。

これらは日本的なおもてなしとは方向性が異なるものといっていいし、最小限の重要な機能だけを提供して、「あとは自由に使ってください」というスタンスですから、まさに個人主義が発揮された製品といえるでしょう。

ポイントはこういった製品のほうが今や世界中の市場で愛されているという事実です。つまり日本的忖度の正反対が世界では受けているのです。

最近の日本企業は不調ですが、その原因に「思い込みのおもてなし」を反映した傲慢さがないかどうか、再考の余地があるのではないでしょうか。

以下、日本人が嫌われている理由を細かくみていきましょう。

◆――「精神」編

日本人の考えていることが意味不明

外国の人が日本人と付き合っていてとても困ることとして、「日本人はいったい何を考えているのかわからない」という話を耳にすることがあります。表面上はいたってニコニコしているのですが、本音はまったく別なところにあるということも少なくありません。

どういったリアクションをとると日本人を怒らせてしまうのかわからないので怖い！というのです。これは私生活だけでなくビジネスで付き合う場合も同じです。

私はヨーロッパやアフリカ、さらには中東の人に向かって単刀直入に「日本人と仕事をしてみてどう感じたか？」ということを質問してみることがあります。すると、多くの人は「仲よくなれば本音を話してくれるが、そこまでの友好関係が築けていないと日本人は本音を言わないのでとても困る」というのです。

意思表示がはっきりしているお国柄の人であれば「何を言えば喜ぶか」そして「何をやれば怒るか」というのはわかるのでリスクを回避するのが容易です。また単刀直入に問題を指摘したり、ざっくばらんに話したりする文化圏だと、あまり両者の関係が深くない場合でも膝を交えて話すことができます。

もちろん外国にも建前と本音というものはあるのですが、日本ほど複雑な形ではありません。

ところが日本人の場合はとにかく繊細な人が多いし、気を遣ってくれているのはわかるのですが、いったい何を言っているのかが判断できないので、どうしていいのか途方に暮れてしまうというのです。
外国で日本人が現地語や英語を話せても、日本式のまわりくどい表現なので何を意図しているのかわからない。どうしても日本的なコミュニケーション手法と日本的な表現の直訳になってしまうので、受け取るほうは訳がわからないのです。

建前の〝自動翻訳〟は外国人に通じない

日本とは文化圏が異なる国の人は、日本人の発する「建前」を自動翻訳することができないので、話した言葉そのままで意味を理解してしまいます。

たとえば――
建前：「この件は、そうですね、なんとか持ち帰って善処します」
（本音：「やるのは無理、無理。無理に決まってんだろ‼　アホか‼」）
建前：「うーん、これはなかなか良い提案ですが、この前のほうがいいかもしれませんね」

（本音：「おまえ、この提案は最悪。ふざけてんのかよ‼　この前のでいいんだよ‼」）

建前：「なかなかのお値段ですね。お勉強していただけるとたいへん助かるのですが、どうでしょうか？」

（本音：「このやろう、おめえ、割り引け、クソ‼」）

建前：「このような傾向があるかもしれませんね」

（本音：「こうなるに決まってんだろ‼　アホか、おめえ‼」）

建前：「あれはこのようにおっしゃっていると推測されますが、とはいえ一般的な見解では、これは正統派だということになっており、そのような傾向は重視しなければならないように思います」

（本音：「このほうが正しいに決まってんだよ‼　そうなってんの‼　馬鹿か、おめえ‼」）


このように（すこし過激に表現してみましたが）日本人の建前と本音は往々にして異

なるので、それを翻訳できない外国人は戸惑ってしまいます。言っていたことと行動していることが違うので、たぶん本音はそういうことではないだろうなぁということは理解する。ところが、やはり建前の自動翻訳は無理なので、日本人はちょっと信用ができないなぁと思ってしまうのです。

これは、実はビジネスの場ではとても深刻なことであり大きな課題です。

たとえば日本人が外国人の部下を持った場合、上司が何を考えているかわからないと部下は萎縮してしまいます。上司を信用できないので、おどおどしながら仕事する羽目になる。これではチームやオフィスの雰囲気も萎縮したものになってしまうし、人によってはこれが大きなストレスになるのです。

異文化圏の人に「忖度」を期待するのは無理

外国の異なる文化圏の人に忖度を期待するのは大きな間違いです。緊張感や雰囲気の悪さにまいって退職する人も出てきてしまいます。ビジネスが円滑に進まないので企業活動に大きな影響が及んでしまいかねません。このように国際ビジネスの現場では日本の〝空気を読む〟文化は思った以上に問題の根が深いのです。

時間をかければ、日本人は悪意がなく本音と建前がはっきりしないのも相手のことを思ってのことだということがわかるのですが、日本と文化圏が異なる国から来ている人にとってそれは不安でしかありません。

一方で海外に長く住んでいる日本人の場合は思考回路がかなり変わってしまっているので、現地化している人も多い。意思表示がはっきりしていてわかりやすいケースが多いのも事実です。

私は外国で「お前は日本人だがとてもわかりやすくていい」と驚かれます。これは私が体験した実話ですが、海外に住む他の日本人と同様に私も若干ながら思考回路が単純なところがあり、空気や言葉の裏を読めないことが多いと自分では思います。そういった性格は日本ではちょっと難ありであっても、外国だとむしろ歓迎されることが多いようです。

イギリスでは単刀直入にものを言うことが多いと言われる庶民階級の人々と私はいっ

しょに働いてきたのですが、「お前は嫌なことをはっきりと言う子で、笑うときはゲラゲラ笑うからわかりやすくていいんだ。他の日本人は何を考えているかわからないし、何が気に入らなくて急に不機嫌になるかわからないから怖いんだよね」と言われたことが何度もありました。

謙遜のつもりで身内をけなしまくり！

この日本人の〝本心がわからない〟ということに関連して外国の人が理解できないことのひとつに、日本人は美徳の意味で自分の身内をけなすことがあります。

日本人のことをよくわかっている人であれば、それは「単なる謙遜」であることが判断できます。ところが異なる文化圏から来た人たちにとっては、自分の目の前で夫や妻をけなしたり罵詈雑言《ばりぞうごん》を吐いたりするのは「頭がおかしい人」と思わざるをえません。

自分の所属している会社や学校の不平不満ばかりをいつも吐き捨てている人に対しては「そんなに不満があるのなら会社（あるいは学校）を辞めてしまえばいいのに」とい

うように思うのです。

自らを嫌な状況に追いやっている人のことを欧米人はとにかく「風変わりな人」としか思わないのです。日常生活で「風変わりな人」だと思われているだけならまだいいのですが、ビジネスの場合これは致命傷です。会社や仕事の文句ばかりたれているのは以下のような人たちだと思っていただいていいでしょう。


「変化を提案できない人」

「問題のルートコーズ（根本原因）を分析できない思考力の弱い人」

「実行力および交渉力のない人」


もちろんビジネスパーソンとしてこれらはすべてマイナス評価です。

文句ばかり言っていて、提案ができず前向きなことを発しない人には誰しも近寄りたくないと思ってしまうものです。

日本人のサラリーパーソンは飲み会で、同僚とのコミュニケーションのつもりで会社や上司の悪口を言いまくりますが、あれは要注意です。基本的に飲み会は楽しむ場なので海外で愚痴はご法度。とくに英語圏やヨーロッパ大陸での酒席は楽しく過ごすべき場所という認識です。異なる文化圏で日本式をやってしまうと信用を失ってしまいます。

外国人が日本人と長く付き合っていると、謙遜して身内をけなすことや、上司の悪口はコミュニケーションのネタにすぎないこともある――ということがわかる人もいます。とはいえ、それがわかるまでには何年もかかってしまいます。ビジネスで付き合う人たちのほぼ全員が日本文化に精通しているわけではありませんから、これにはとても注意が必要です。

「つまらないものですが……」なら渡すな！

この謙遜の文化は、人に何かモノを贈るときも同じです。たとえば、日本人はお土産を渡すときに「つまらないものですが……」と言ってしまうことが少なくありませんが、これも多くの外国人にとっては理解不能な習慣です。

とても美味しそうなお菓子や綺麗な風呂敷などを差し上げているのに「つまらないもの」とか「安物です」とか「たいしたことなくて」などと言ってしまうと、「あの人はなんで私にそんな酷いものをくれるの？」「なんで安いなんていうの？」「たぶん私のことが嫌いなんだわ」と思ってしまうのです。

そうならないためにも、異なる文化圏の人には素直にこう言うといいでしょう。

「あなたのために素敵なものを選びました」
「このお菓子は私のホームタウンではとても評判が良くて美味しいんですよ」
「この包み紙、素敵でしょう。私はこの色合いがとても好きなんです。今の季節にぴったりなので、きょうはこうして持ってきました」
「このお菓子は健康にいいし、とても美味しいです。ぜひご賞味ください」

このようにシンプルで前向きな表現を心がけましょう。

◆ 「文化・生活」編

上下関係を最重視しない海外の国々

日本人は外国のことにはとても興味があるのですが、その一方で異なる文化や生活習慣には意外と鈍感だったりします。その鈍感さのひとつが、日本の外では「日本的な上下関係が存在しないことがある」という事実を知らないことです。

先述したとおり、日本では社会的な立場とか地位や年齢をベースにする上下関係をたいへん重視します。嫁と姑《しゅうとめ》、上司と部下、先生と生徒、年上と年下、先輩と後輩などがそれに相当します。しかし日本と文化圏が異なる国では、こういった上下関係をあまり重視しないところもある。

上下関係が存在するとしても社会の構造が日本とはかなり違うので、上下の概念の定義そのものが相いれないものになることがあるのです。

ところが日本の人々は、日本的なこの概念が異なる文化圏でも通用すると思い込んでしまっていることが少なくないので、さまざまな場面で大失敗をすることがあります。

たとえば日本人が海外で外国の人々と働いた場合、先輩と後輩、上司と部下といった概念が日本と同じように通用すると思い込んでいるので、自分よりも社会的地位が下だと考えられる人が自動的に自分の命令に従うと思っていることがよくあるのです。

ところが異文化圏だと、職場での肩書き的な上下関係よりも、お互いの個人的な関係が良好かどうかということを重視するケースがある。これはイタリアやフランスなどラテン系の文化圏ではとても大事なことです。

もちろん、これらの文化圏は権威主義的なところもあるので肩書きも重要なのですが、日本に比べると、どちらかというと個人同士の心の通じ合いというものをかなり大切にします。だから相手に気に入ってもらわないと自分の要求をのんでもらえないことがよくあるのです。これが上司と部下という関係の場合、上司が何か命令をしても部下がその上司を快く思っていない場合は命令を聞いてもらえないこともよくあります。

理屈に合わないことはしない海外の国々

イギリスやオランダやドイツといったヨーロッパでも比較的北部の国々は、当然のごとく肩書きは組織を動かすうえで重視されます。しかしながら、さらに重要なのは何か物事をお願いするときなどに、依頼事項がきちんと理屈・理論に沿っていて相手が納得するに値するかどうかということが大きなポイントになります。

日本の職場のように、先輩が「これをやれ」と命令してきたから私たちは従わなければいけないんだといった主張が外国人には通用しないことがよくあるのです。以前から踏襲してきたことや先輩から伝えられてきたことであっても、そこに合理的な理由がなければ「なぜですか？」という質問を浴びせられてしまいます。

たとえば日本だと部活には伝統的に女子マネジャーという人たちがいて、部員たちのユニフォームを洗濯したりお弁当をつくったりすることがあります。先輩たちはそれを当然のように受け入れてきたし伝統的にやってきたことなので、そこに疑問をはさむ人はいません。ここでいうマネジャーとはビジネス活動上の呼称とは関係なく、あくまでも部員の世話をする女子たちのことです。

ところがヨーロッパ北部の国々では、こういった作業をする人たちの存在意義がきちんと説明され、そこに妥当な理由がなければ納得しない部員がたくさんいます。

なぜ部活でマネジャーというのが女子ばかりなのか、なぜゲームに参戦しないのにクラブ活動をしているといえるのか、なぜ無償で労働をしているのか、といったことを疑問に思う人がいるのです。新入部員や後輩であっても、そういった疑問をぶつけてくることがめずらしくありません。

このようなケースに際して外国では、みんなで議論して納得をしなければ前には進まない。つまりは日本式の、先輩が受けてきたから後輩のわれわれも受け入れるということが通用しないということです。

日本のサラリーパーソンはこのような考え方で会社の不要な監査をダラダラと継続してしまったり、意味がない書類を廃止せず外国人社員に対して「この書類にハンコを押してください」といったことを要求したりします。それは先輩や上司が受け継いできたからやるというだけの話で、上下関係を無視して疑問を投げかけないからいつまでたっても悪しき慣例から抜け出せないのです。

ところがヨーロッパ北部の国々の職場では、こんなことを要求したら管理職だけではなく部下からも「なぜやるのですか？」「どうして必要ですか？」という質問を山のように浴びせられてしまいます。そのときに、「上司がやってきたことだから」と答えても誰も納得しません。これは日本式の上下関係の構造というか様式がまったく通用しないという一例です。

また、部族社会や個人的なコネを重視する文化圏の場合は組織上の肩書きが一切通用せず、親戚か部族のコネがあるかどうか、さらには血縁関係が成り立っているかどうかということのほうが重要視されることもあります。

それを端的に表しているのがナイジェリアや中東湾岸地域の国々です。だから日本的な先輩と後輩といった〝疑似血縁関係〟や職場の上司と部下という上下関係が簡単には通用しないのです。

「イクメン」という言葉はおかしすぎる

日本では新しい事柄にカタカナでちょっと流行りのオシャレな言葉を当てはめて物事の本質をぼやかしてしまうことが多々あります。

その典型的な例のひとつとして「イクメン」があげられます。

「イクメン」というのは、男性であっても子育てや家事へ積極的に参加して家庭生活を大事にする人のことを指します。最近の若い男性はことさら誇らしげに「イクメン」と自称することが多いようです。

こういった男性が増えることはたいへん喜ばしいことではありますが、子育ての本質や家庭生活というものを考えた場合、子育てをする男性を〝特別な人〟として取り上げて「イクメン」ともてはやすことは実はとてもおかしなことです。

子育てというのは基本的に夫婦の共同作業であり、父親が子どもの面倒を見たり家事に携わったりすることは海外では特別なことではありません。もちろん今までの日本であれば男性がそういったことをするのはめずらしいことではあったのですが、だいたい男性が家事をしてこなかったということ自体がおかしな現象なのです。

だから「イクメン」という言葉をいかにも新鮮で特別なものとして扱う風潮は実にふざけたことです。一方、女性が家事や育児をしても何か特別なカタカナ語で呼ばれることはなく当然だとみられています。このように一見したところ最先端に見えるがごとくカタカナで表記してしまうのは、それが日本の社会通念においては異常なことであるということの象徴にすぎません。

「リケジョ」「美しすぎる○○」という表現は女性への偏見

海外に目を向けると、アメリカにもヨーロッパにも「イクメン」に該当する言葉は見当たりません。男性の家事や育児参加というのは他の国でも女性に比べて時間が少なめになっていますが、社会通念上は男性も育児や家事をやるのが当たり前だという考え方があります。男性が取り組んだからといって特別視したりテレビや雑誌で大々的に取り上げたりすることはないのです。

同様の例としては「リケジョ」「美しすぎる○○」といったものがあります。これらの位置づけも「イクメン」とまったく同じです。

「リケジョ」は、理系の仕事をしたり研究に携わったりするのは男性が当たり前であり、女性がそういったことをするのは特殊なことで、日本のビジネス社会では異常なことであるということを示唆しています。「イクメン」と同じようにカタカナを当てはめると最先端のように見えますが、やはり女性が取り組むことの異常性や意外性を強調しているだけにすぎません。

アメリカやヨーロッパ北部で「リケジョ」という呼称をつけて女性の研究者や技術者をマスコミが紹介したら、たちまち馬鹿げた差別だということで大問題になるでしょう。取り上げられる本人もよい気分がしません。自分の能力ではなく「性差」という観点で判断されてしまうので、真面目に研究業務と取り組んでいる女性にとってはたいへんな侮辱です。

「美しすぎる○○」もしかり。この言葉の反面にはその職業に携わる人というのは美しくない人が当たり前であるという考え方が根底にあります。

たとえば女性がバスの運転手や政治家、歯科医といった仕事をするのに、見た目が美しいかどうかというのはまるで関係がないはずです。重要なのは仕事のスキルや実力であって、美貌かどうかを論評するのは男性がいかに美人度にこだわっているかを強調しているにすぎません。

つまりこれらの言葉は日本人がいかに物事の本質をじっくりと考えておらず、表層的なことばかりにとらわれているかということを象徴しているのです。だから他の国に美人のバキュームカー運転手がいても「美しすぎるバキュームカー運転手」と話題になることはないし、テレビに出演することもない。バキュームカーの運転に美人かどうかは関係がなく、受益者としては安全に車を運転して糞尿をきちんと集めてもらえればよいのです。

気候と服装がアンバランスになる「クールビズ」の弊害

日本人が表層にとらわれすぎて、物事の本質を見失っている事例のひとつとして服装があげられます。

たとえば夏に半そでを着始める日付が決まっている「クールビズ」は実におかしなことのひとつです。気候は不安定なものであり、毎年同じ日に同じ気温・湿度であるということはありません。さらに人それぞれ筋肉の量や温度に対する感覚だって違うのだから、自分で暑い、寒いと思う感覚に合わせて好きなものを着ればよいのです。

医学的、生物学的にもそのほうが合理的です。

冬がそれほど寒くなくても、筋肉量が少なく体も小さい老人が寒い寒いと言っているのに、あったかい格好をさせなかったら病気が悪化してしまうこともあります。赤ん坊と大人は体感温度が違うので、小さな赤ん坊にあまり厚着をさせたら熱くなりすぎて具合が悪くなってしまうこともあります。

こういった個人個人の感覚を無視して同じ日に一斉に夏服を着ましょうと無理強いするのが「クールビズ」です。本人が心地よいと思う格好をすればいいはずなのに、どんな格好をするのかわざわざ政府が掛け声を発して決める必要はないのです。

ところが日本人は本質を無視して形式ばかり重視するので、お上が決めた日にみんなで一斉に同じような格好をしてしまう。これはどう考えても自分の頭では判断しない思考停止の見本のような馬鹿げたことであり、日本人は今一度その意味合いを考えてみる必要があるのではないでしょうか。

まさに〝長いものに巻かれた〟という典型例であり、全体主義が大好きな日本人の思考を象徴したような出来事です。

その昔わが家では家人（イギリス人）が日本のクールビズに関するニュースをテレビで観ていたのですが、口をあんぐりと開けたまま「まったく意味がわからない」と驚愕していました。外国にはこんな常識外れな日はないので当然のことでしょう。

イギリスの場合は夏でも冬でも頻繁に天候が変わりますから明確な衣替えという感覚も「クールビズ」をスタートする日というのもありません。そんなことを政府が決めて、じゃあ明日からはコートを着ることにしましょうなんてことになっても、天候によっては職場や学校にビキニのような格好でやってくる人が現れたりします。何を着たいかは自分の感覚によって決めるのです。

「政治」編

選挙へ行かないのにネット上で暴れまくる

日本人の政治に対する一般的な立ち位置も外国の人から見ると、とても不思議なことです。

外国人が奇妙だと思うことのひとつに、日本では地方選挙も国政選挙も先進国としては異様に投票率が低いにもかかわらず、なぜか匿名の掲示板やＴｗｉｔｔｅｒなどのＳＮＳでは政治的なネタが山盛りで一年中大量の投稿がなされていることがあげられます。

投稿しているのは一部の政治に熱心な人たちかもしれませんが、そういう〝熱い人々〟以外でも政治に関して一生懸命ネット上に書き込んでいる人がかなりいます。だから政治に関心がないというわけではなさそうです。また社会的な問題以外について関心を抱いている人もたくさんいます。

たとえばイギリスのＴｗｉｔｔｅｒがサッカー関連ネタやテレビの一発芸番組で大盛

況の反面、日本のＴｗｉｔｔｅｒは首相の顔写真が変だったとか育児支援が遅れているといった政治や社会の問題などで大いに盛り上がっていたりするのです。ところが日本の人たちは多くの意見や不満を抱えているにもかかわらず、そのような政治ネタを真剣に議論するわけでもなく、井戸端会議レベルでお茶を濁している程度にすぎません。

年を追うごとに重くのしかかる税金や社会保障などのテーマは自分の将来を左右するかなり重要な事柄なのですが、政治参加というアクションにつながる投票には出向かずネットに張りついて延々と〝床屋談義〟をしているだけなのです。

この類いの議論では実質的に何も生み出さないし、自分にとって何ひとつ得られることもないので非合理的な活動だと思われるのですが、じゃあ選挙に参加するかというと、そんなことはなく投票所に足を運ぶ人は一向に増えません。

不満があるのに行動を起こさない日本人

またこうした不満を抱える人たちは地元の議員に対して陳情に出向くわけでもありま

せん。その反対にヨーロッパ北部の人たちは即刻抗議行動を起こしたり地元の政治家に陳情したりすることが日常生活で当たり前なので、そういう方々からみると日本人は実に不思議な人種に見えるのです。

わが国はほかの先進国に比べても国家の借金が多額ですし、まだまだ経済面で余力があるとはいっても、世界でもっとも速い足どりで少子高齢化が進んでいて凄まじい数の高齢者を抱えています。直面している問題はほかの先進国よりもはるかに深刻なのに、それらを改善しようと行動を起こす人は多くないのです。

こうした行動パターンは政治一般に関してだけではなく、社会保障や税金問題などについても同様です。消費税のアップが決まっても目に見える形で強く抗議をする人たちは少ないし、介護保険料は決して少額ではなく四〇歳を過ぎれば強制的に徴収されますが、これに対しても大きな声をあげた人はほとんどいませんでした。

日本は収入が低い人たちの生活が他の先進国に比べると厳しい社会ですが、この状況についても声高らかに叫ぶ人は多くありません。たとえば日本では所得税の基礎控除額は三八万円ですが、イギリスでは一八〇万円ほどで、なんとわが国の四・二倍です。

この基礎控除額が低いと、収入が少ない人でもけっこうな金額の所得税を徴収されてしまいます。さらに低収入であっても、基本的には貧しい人が収入に比して高率の税金や年金、社会保険料を支払う仕組みになっているのです。

税金の使われ方にまるで興味がない

このように日本は決して所得の低い人たちにとって住みやすい国ではないのですが、そんな状況にして高い税金を払っていても、その使われ方に対してはあまり興味のない人が多いことも不思議な現象です。

現在日本には意味不明な公益法人や天下り役人の受け皿となるような団体が大量にあります。すでに三〇年や四〇年以上も前からこのような悪しき団体の存在は指摘されているにもかかわらず、所得の低い人たちや生活が苦しいサラリーパーソンらはさほど強い関心を持たないようです。また大マスコミはこういった税金の無駄遣いを厳しく追及する責任があるのですが、このマスコミが報道しないことに対して一般の人たちは厳しく批判することもありません。

マスコミの存在意義としてもっとも重要なのは、経済活動や社会生活が円滑に動くように政府を監視すること、そして国民から徴収した税金が適切に使われるのを厳しく見届けることなどですが、そうした役割をきちんと果たしていないことを一般の人たちが批判しないのです。

また不思議なことに日本では少子高齢化で国家財政が非常に厳しいといわれていて、消費税や社会保障費はどんどん上がっているのにもかかわらず、国や地方自治体がわけのわからない公共施設を建てたり、公的なサービスをなんでも激安で提供したりしてしまうことに対し表立って疑問を抱く人があまりいません。

これがイギリスなどヨーロッパ北部の国々であった場合、財政が厳しい国や自治体が建設効果もよくわからない公的な施設をつくろうとすると一般の人から猛烈な抗議運動が起こることがあります。国民に対する説明責任というのが日本とは比べものにならないほど厳しく、税金が高い分その監視も厳格なのです。

ところが日本の場合はネット上で愚痴をこぼすわりには、説明責任を厳しく追及するような人は多くない。なんでも他人まかせで、何も考えていない人が多いのです。

税金の使われ方は自分の生活に直接かかわってくる問題ですし、自分だけではなく子どもや孫の未来の繁栄に密接な関係があることなので、本来であれば多くの国民がもっと真剣にならなければいけないのです。

◆──「仕事」編

働き方の効率があまりにも悪すぎる

第1章でもふれましたが、日本人の特殊性がもっともよくあらわれているのは仕事のやり方です。外国の人たちは日本人の〝まじめな〟仕事ぶりを評価しているかというと、実はその正反対であることが少なくありません。

日本人の仕事ぶりに関してもっとも批判が多いのは、日本人はやらなくてもよいことに延々と取り組んでしまい、その挙句に仕事量を増やしていることです。

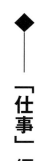

よくある事例として、日本人は社内の会議だけに使用する資料を綿密につくり込み、それを出席者全員に配ってしまうことがあげられます。

毎晩残業して資料を作成し、コストのかかるカラー印刷で仕上げていく。それを事前にメールで送付せず当日会議の席で一部ずつ大量の資料を配布する。そういう日本人を横目で見ながらイギリス人やドイツ人、アメリカ人は、「無駄な手間がかかる上に、経費の無駄遣いをしている」と指摘し激怒していることが多いのです。

本来は内輪の会議用であれば面倒な資料づくりなど一切せず、企画内容や課題の要点を箇条書きにしてメールで送ればよいだけのことです。添付資料が必要であれば、会議の三日から一週間ほど前にメールや社内の文書共有システムでメンバーに配布して「事前に目を通しておいてください」と伝えておけば済みます。

そして当日はノートパソコンやタブレットで資料を閲覧すれば印刷する手間も省けるし大量のペーパーを持ち歩く必要もありません。

そのほかにも日本人のつくるプレゼンテーションのスライドは、さまざまな色の文字を大量に使っていて、なおかつ要点がまとまっていないので内容を理解するのにも時間がかかります。さらには本題とはまるで関係のないイラストも随所に使用されていて、それをパワーポイントで丁寧に作成する。まったくもって資料をつくる側にも読む側にも無駄といわざるをえません。

間延びした「やるだけ無駄会議」

また日本人との会議も間延びしたような雰囲気のものが多く、社内の定例の打ち合わせでもその日の議題（アジェンダ）や概要を事前にメールなどで告知していないことによく遭遇します。その場でアジェンダの決定事項を最終確認しなかったりするので、何回も会議をしなければいけないことが往々にしてあるのです。

議事進行も非常に効率が悪く、アジェンダは二分で話す、などといったことを事前に決めていなかったりします。そして日本人との会議はその多くがブレーンストーミングのようなダラダラとした話し合いの場になってしまい、時間の無駄だと怒っている外国の人はかなり多いのです。

そのほかにもアメリカやヨーロッパでは時間単位で報酬を決める、つまりタイムチャージする専門家が少なくありません。それなのに、そういった費用の工面を無視して、相手の都合を考えず、相手にご機嫌伺い的な訪問のアポを入れてきたりする……。

相手としてみれば、追加のチャージ料金などに目もくれず、さっさと家へ帰りたいのに日本人が夜七時過ぎに来訪の約束をしてきたり、もっと迷惑なことに懇親会を設けたりするなどは実に効率の悪い仕事の仕方を押し付けてきているようなものなのです。

日本人の労働時間が長いのは、こういった非効率な働き方が原因であることが明らかです。だから勤務実態を熟知している先進国の人々は日本人といっしょに仕事をするのを嫌がることが少なくありません。

体調不良だろうと意地でも休まない

このような日本人の働き方における効率の悪さには「適切な休みをとらない」ということも関係しています。体調不良でも無理して仕事をしてしまうのでパフォーマンスが低下し、体調はさらに悪化する。その結果、長期間業務ができなくなってしまうことがあるのです。

アメリカやヨーロッパ北部の人であれば、少し具合が悪ければすぐに休暇をとるし、周囲も体調が万全ではない人に仕事をしてもらうのはかえって迷惑なので「休んでください」と伝えます。

きちんと休むことはプロとして実力を発揮するために重要なことであり、自分をうまくマネジメントなりコントロールできるということの証明と考えられているのです。

また管理者側としても働く人の能力を最大限に引き出すことが望ましいと考えているので、その人たちの体調など様子を見ながら適切に休みをとってもらうのも重要な業務のひとつです。機械でも休ませることなく連続して稼働していたら必ず故障するでしょうから、人間にも休息が必要ということです。

合理的に考えればそうなるわけですが、日本の人たちはそういった考え方をせず、「頑張っているところを周囲に見せるのが重要」だと言わんばかりに情緒的なことばかり強調するので、全体的な作業効率が下がってしまいます。日本で過労死や過重労働を起因とする自殺者が決して少なくないのも、こうした合理的な思考ができないことと因果関係があるのでしょう。

〈コラム〉

世界からみて「ここはすごいよ日本人！」

日本人にはいろいろ問題点もありますが、世界から見て日本人が褒められる点というのも、もちろん数多くあります。

まず外国の人たちが日本人を見て驚愕するのが、個々の働く人におけるモラルの高さです。低賃金であっても仕事をすることに誇りをもっており、自分に与えられた責任を最後まで全うする人が大半です。他の国の人々であったら手を抜くようなことでも日本人の場合は真面目にやり遂げます。実はこういった性質を有する人々というのは世界的に見てもめずらしいほうです。

次に日本人は低賃金の人々であっても比較的学習意欲が高いことです。

これは日本の書店に行けばよくわかることで、さまざまなノウハウ本や自己啓発本が山のように積まれています。これらの本が大量に売られている国は日本以外にはないように思われます。

主婦や老人であっても、家事や自分の趣味に関するハウツー本を買い求めて一生懸命勉強をしていますし、ネットで何かのやり方やノウハウを探そうとして検索すると日本人のブログに遭遇する。その内容の濃さはおそらく世界一でしょう。一般の人が匠のような心を秘めて、いかなることでも追究するというのは世界的にもめずらしいことです。

三番目にすごいのは、その教育レベルの高さです。

その昔、戦国時代とか江戸時代であっても日本人の学習意欲はかなり高かったとのこと。日本の武士は昔から教養を身につけるために哲学を勉強したり、茶の湯や詩歌に親しんだりしたようです。また江戸時代、町人は子どもに一生懸命読み書きや算術を仕込みました。

近代に入ってからの公教育は他の国よりも充実しています。とくに戦後のレベルアップは著しく、日本の公立学校のレベルは世界でもトップクラスです。

公教育に関しては北欧諸国のことが一般的に取り上げられることが多いのですが、ここで注意しなければならないのは、日本はフィンランドやノルウェーに比べると人口規模の大きな国であることです。

北欧諸国は日本でいうと県や大都市レベルでしかないので、規模が小さい分だけ公教育を充実させるのはそれほど難しいことではありません。

ところが日本は人口規模でいうとイギリスの二倍以上です。それなのに他の先進国に比べるとはるかにレベルの高い教育を施しています。識字率は世界トップクラスですし、算数や理科、国語といった基礎教育の全体的なレベルは他の国よりもはるかに高いのです。個人間で大きな格差が存在しないのも特徴です。

さらに特筆すべきは家庭科や音楽・美術といった授業が公立

の学校でもきちんと提供されていることです。財政カットでこのような授業をやらない国も少なくありません。教育の充実は働く人全体のレベルアップに大きく貢献しています。

全体的にレベルが高いからこそ日本の標識や自動販売機（自販機）の表記は他の先進国に比べるとかなり複雑です。それでも一般の人たちが理解できるということです。これが教育格差の激しい国だと標識や自販機の表記が異常なまでに単純化されています。

このように全体的なレベルが高いので外国の企業が日本の人を雇った場合、トイレの使い方から教えなければならないということはないし、初めから教育しなければいけないことが少ないのでたいへん効率がよいのです。

四番目に、海外の人がもっとも驚愕することのひとつに日本の治安の良さがあります。日本は経済が停滞しているといっても、中高生が街中でナタを持って乱闘をすることはまったくないといってよく、そのため学校に金属探知機を入れる必要もありません。

さらに自販機や券売機を石やレンガで破壊するような人もいない。信号待ちで車を停めていると、斧や拳銃を持った強盗に車の窓ガラスを割られて腕時計や貴重品を強奪されることもまずありえません。夏休みで出かけているとき強盗団に家財をすべて持っていかれることも絶対といっていいほどないでしょう。

街を歩きながらスマートフォンを使っていても、後ろから殴りつけられて盗まれることもない。宝石店が襲われることも日常的ではないし、銀行の窓口はオープンなカウンターになっていて防弾ガラスが入ったブースから接客する必要もありません。

ところがイギリスやイタリア、アメリカでは大都市だと、いま書いてきたことすべてが平然とおこなわれているのです。

紳士淑女の国だと思われているイギリスでは今やロンドンの高級住宅地で、車で子どもを学校に送り迎えしている途中、バイクに乗った強盗に車の窓ガラスを割られて乗っていた人が外に引きずり出され貴重品を強奪されたりすることがめずらしくなくなっています。また中学や高校での暴力事件が多発するので、公立中学や公立高校は先生になりたいという人があまりいません。

イタリアの場合は夏に休暇で家を留守にしていると、家財道具すべてを強盗団に持っていかれることもめずらしくない。車は路上に駐車していると部品をどんどん盗まれてしまうので、鍵付きの箱にしまっておかなければなりません。

日本はこんな犯罪を気にしないで生活することができるので、本当に安心で平和な国です。東京でもその治安の良さは群を抜いており、津波や地震、原発などの災害リスクを除けば、日本は世界中でもっとも安全な先進国といってよいでしょう。

第4章　お笑い！　万国バカ博覧会

実はバカにされている世界の国々

世界には日本のほかにも〝バカにされている〟国がたくさんあります。

――というよりも、世界中どこでも他の国々をコケにして大笑いするのが定番です。とくにブラックジョークが大好きなヨーロッパやアメリカは、日本の感覚だとギョッとするような材料で他の国をお笑いのネタにします。

そしてなぜか東アジアでは隣国をお笑いのネタにしたり、お互いをいじり合ったりして大笑いすることはあまりありません。そうなると本当に衝突しかねない状況となり、ちょっとしたことが深刻な議論の対象になってしまうことが大きな理由でしょう。

一方でヨーロッパは国同士が隣り合っていて、第一次世界大戦とか第二次世界大戦で東アジアとは比較にならないような紛争を繰り返してきています。国境線が変わることも頻繁だったこともあってか文化や言語が複雑に混ざり合っている土地柄です。

そういった過去の歴史があるのでさまざまな国と国との衝突も多く、そのストレスたるやたいへんな状況にあるわけですが、そうはいっても多様性を発揮する国同士がここまでなんとか平穏無事にやってきています。

普段からお互い単刀直入に文句を言い合ったり、皮肉という形で異なる文化の相手国のことを軽蔑したりすることで適度に〝ガス抜き〟をしているのが大事に至らない要因でしょう。

職場だってちょっとした雑談や飲み会でもジョークを言い合ってガス抜きをすることがよくあります。

ヨーロッパ諸国やアメリカも同じようなものです。

そして常に笑いの対象とされる代表国のひとつは世界一裕福なアメリカです。

そのアメリカをコケにするのが大好きなのはヨーロッパの人々ですが、ことアメリカに関しては実体験がジョークを超越する場合が少なくありません。

次のページに、いくつかご紹介しましょう。

ちなみにこの章は「息抜き」程度に軽い気持ちでお楽しみいただけますと幸いです。

「アメリカ人がしてきた大馬鹿質問」

以下はアメリカのインターネット掲示板「Reddit」の「WTF America」というスレッドに投稿された「アメリカ人がしてきた大馬鹿質問」という書き込みから抜粋・編集したものです。

なお「WTF America」は日本語でいうと「なんてこったいアメリカ」という意味であり、WTFはWhat the fuckを簡略化したものです。

URLを左に掲載しておきます。

https://www.express.co.uk/life-style/life/697152/dumb-questions-americas-ask-brits-reddit

●Sdfgh28さんの書き込み

「アメリカのニューメキシコにある小さいホテルに泊まってたんだけど、そこのホテルのアメリカ人に『私イギリスから来たの』って言ったんだよね。そしたらその人に『あんた英語喋るの？』って言われたんだけど、その人その質問の何が悪いのかちょっとわかってなかったみたい……」

●I am very smartさんの書き込み

「出会い系アプリで知り合ってデートしたアメリカ人にイギリス出身なんだって言ったら『イギリスには銃がないけど、第二次世界大戦にどうやって参加したわけ？ アメリカ人が手助けしたから参加できたの？』って聞かれたよ……」

●Bobby Munsonさんの書き込み

「アメリカ人のブリトニーっていうウェイトレスにサービスしてもらってたんだけど、その子がすごい真剣な顔で『スコットランドには木があるの？』って聞くのよ。ただ確認したいだけだったんだって……」

ヨーロッパではトランプ大統領もいじられキャラ

アメリカ人のバカさ加減を笑うネタやジョークは、実はイギリスだけではなくヨーロッパ大陸でも一般的なことです。

ヨーロッパからするとアメリカは経済的にはるかに豊かな国なのですが、「お金だけはある成金の田舎者」というイメージが根強くあります。そんなこともあってか、アメリカの斬新さや豊かさに憧れがある一方で、文化的にはこちらのほうが勝っているという意識の強い人が大半です。

そんなアメリカに対して愛憎渦巻くヨーロッパの人々が一瞬耳を疑ったのはトランプ大統領の登場でした。

敵対相手に向けてＴｗｉｔｔｅｒで攻撃を仕掛けたりフェイクニュースといわれる間違いだらけの発言をしたりを繰り返す……。挙句の果てには「移民は取り締まれ」という過激な発言などがヨーロッパでもさまざまなネタにされ、〝やっとアメリカ人の真の姿を代表するリーダーが登場した〟と大喜びされました。

そんな状況下でヨーロッパでやたらと盛り上がったのが、トランプ大統領がキャッチフレーズにしている「America First」（アメリカ一番）というフレーズに対して「私の国は二番じゃダメかしら」というパロディ動画です。

ヨーロッパ諸国のお笑い番組では素人の人々が競って動画をつくり、それをネットにアップすることでちょっとしたブームになりました。

近隣ヨーロッパ諸国も笑いの対象

おもしろいのはアメリカを茶化す反面、日常的に敵対している近隣ヨーロッパ諸国のこともからかっていることです。

次のページに記載したサイトの動画を見ていると、ヨーロッパにおいては最近どの国とどの国の仲が悪いのかということがよくわかるようになります。

●America First-The Netherlands Second Donald Trump Zondag met Lubach
〈アメリカ一番、オランダ二番〉
https://www.youtube.com/watch?v=ELD2AwFN9Nc

以下に動画の要約を紹介しておきます。


「オランダ政府からのメッセージです。

ようこそ、このオランダについての紹介動画へ。

わが国の創始者は、オラニエのウィレム一世でした。

スペイン人と戦ったんですよ。でもスペイン人は最悪。

八〇年間も戦ったのに私たちに勝てなかった。普通に、無理だったの。スペイン人はマジでルーザーだよ！

まあ、でもみんな死んじゃったんだけどね。

私らはオランダ語を話すんですよ。ヨーロッパで最高の言語だよ。最高の言葉なの。

他の言語は全部大失敗！
とくにデンマーク語。あれは完全な失敗。
しかもドイツ語は真の言語じゃないし。インチキ!! 偽物ですよ」

デンマーク、オランダ、アメリカの三角関係!?

●Denmark second Denmark Trumps The Netherlands at being no.2
〈デンマーク二番〉
https://www.youtube.com/watch?v=ryppmnDbqJY

同じく、以下に動画の要約を紹介しておきます。

「デンマーク政府からのメッセージです。
やあドナルド。北からきたデンマークです。

デンマークの人々『デニッシュ』について語りたいと思います。デニッシュは英語では菓子パンの意味だけど、といってもこちらでは菓子パンのことじゃないですよ。美味しいけどね。でも食べてみるべきだよ。最高だよ。

えーと、それじゃあデンマークについて。

オランダのことは忘れていいよ。

彼らは最低最悪だよ。

とりあえずデンマークはアメリカを愛してるから。

ところでオランダはNetherlands（オランダ）、Hollands（オランダ）、二つあってアホくさいな。とにかくどれにするか決めろよ！

（中略）

アメリカには自由の女神があるけど、デンマークにはリトルマーメイドがいるわけ。〝リトル〟マーメイドって言っても実際は超でかいから。あんたらの手がでかいみたいにでかいの。

リトルマーメイドは伝説が元になっていてアンデルセンって人が書いて、人々に夢と希望を与えるためにでっち上げた話なんだけど、あんた（注：トランプ氏）が話をでっち上げるみたいにね。でもアンデルセンは一四〇字（注：Ｔｗｉｔｔｅｒの最大文字数）で出来なかったんだよね。最悪のルーザーだな。悲しいわな。

オランダみたいにウチ（デンマーク）にも木の風車がたくさんあるんだけど、オランダみたいに〝超〟退屈な風車じゃないよ。奴らのは最悪だよね。

ウチのは最新式の発電風車でクリーンなエネルギーをつくってるんだよ。

発電風車をひっくり返すと石油も掘れるんだよ。石油はいいよね。

ウチの国はアメリカを最高にするために常に頑張ってんだけど、国で一番でかいエネルギー会社のＤＯＮＧをゴールドマン・サックスに売り払ったんだよね……」

世界中で（？）小バカにされるポーランド人

また、イギリスでユーモアに関する研究をする学者のChristie Davies（クリスティー・デイビス）によれば、なぜか世界各国にはポーランド人に関するジョークがあるといいます。

ポーランド人をイジるネタが増えたのは一八世紀から一九世紀にかけて大量のポーランド人がアメリカに移住してからです。アメリカ人がやらないような仕事を引き受けるようになってからジョークが急増したようです。

ある国に特定の国からの移民が急増すると、人種差別スレスレのジョークが急増することがあるのですが、これは日常生活における異文化の衝突をジョークに昇華してストレスを解消するためなのでしょう。

ポーランドは国の崩壊により一八世紀からヨーロッパ諸国やアメリカ、オセアニアに多くの移民を送り出してきたので各地にポーランド人を小バカにしてネタにするジョークが生まれたのです。以下もその一例です。

Ｑ：電球を取り替えるのに何名のポーランド人の男性が必要か

Ａ：五人。一人は電球を押さえ四人は椅子を支える

オランダ人とフランス人はベルギー人が大嫌い！

ポーランドのように、他国への大量移民がもとになってジョークを生み出した例の典型にベルギーがあります。

ベルギーは、イギリス、フランス、ドイツというヨーロッパ三大国の真ん中にありますが、独立と他国による支配が繰り返された複雑な歴史があり、北部のオランダ語系のフラマン語系地域と南部のフランス語系地域が存在し、ひとつの国のなかにふたつの言語と文化が存在しています。

異なる言語圏の対立はいつの時代にも根深いものがあります。ベルギーの場合は国政選挙はフランス語圏とオランダ語圏で別々に実施されるほど。このような多様で複雑な歴史があるため、ベルギーを小バカにするジョークが大量にあるのです。

とくにフランスとオランダはベルギー人をコケにするのが大好きなようで……。

以下はそのジョーク例です。

二人のベルギー人がトラックを運転中、橋に辿り着くと「高さ制限最大四メートル」という警告を見つけた。トラックから降りてその高さを測ると六メートルあった。

Q：「ねえどうする？」と一人が聞くと

A：「近くに警官が見当たらないからこのまま運転しよう」

Q：ベルギー人の海賊を見分けるにはどうしたらよいか？

A：両方の目に眼帯をしている

Q：ベルギーの母親は赤ん坊の沐浴《もくよく》用のお湯が熱すぎたらどうするか？

A：手袋をつける

Q：ベルギーの牛乳パックには何と書いてあるか

A：家に着いてから開けろ

——以上、「ベルギー人はアホ」というジョークでした。

Q：ベルギー人は二〇年以内にオランダと戦争するか
A：そうなったらベルギー人がやっとオランダのジョークを理解するということだ
――これは「ベルギー人にはブラックユーモアがない」という風刺のジョークです。

ベルギーの建設労働者がマネージャーのところに出かけていってワロン地域（南部）の強い訛りで言いました。

労働者「ボス、ボス！ シャベルが壊れたんですよ！」
マネジャー「ええ、本当？」
労働者「はい、どうしましょうか？」
マネジャー「うーん、そうね。必要ないね。トラックに寄りかかってて」
――「ベルギーのワロン地方の労働者は役立たず……」というジョークでした。

一方でベルギーにも負けずにオランダやフランスを笑い者にするジョークがあります。

Q：オランダのすべてのレシピはどのように始まるか？

A：まず六つの卵を借りて、それからもちろん二〇〇グラムの小麦粉と五〇〇㏄のミルクを……

——オランダにはオランダ式パンケーキぐらいしか名物がなく、料理も単調でさらにオランダ人はケチなので卵すら借りるというジョークでした。

Q：なぜオランダには大量のベルギージュに関するジョークがあるか？

A：安いから

——「オランダ人はケチなので、安い物が好きだ」というジョークです。

Q：なぜフランス人はトイレ（toilettes）という単語を複数形で使うのに、ベルギーのフランス語圏では単数形（toilette）で使うのか？
A：なぜならフランスでは綺麗なトイレを探すのにたくさんのトイレを使ってみなければいけないから

――フランスのトイレは不潔なことで有名なのです。

小バカにする笑いのセンスが抜群のイギリス

ヨーロッパでは国同士をあざ笑うだけではなく、国内の人をネタにして大笑いする文化もあります。日本の感覚だと、他県の人や他市町村の人に面と向かって小バカにするようなギャグを言って大笑いするのは気が引けることが多いもの。それでも以下のようなギャグは日本でもたしかに存在します。

・名古屋人の主食は「えびふりゃー」
・グンマー（群馬県）は未開地
・北九州ではマシンガンを使った抗争が日常茶飯事
・北海道人は全員丸太小屋に住んでいてキタキツネと戯れている
・埼玉では県境を越えてきた東京人のパスポートをチェックする

日本にも同じ国内でこうした「県民ネタいじり」がありますが、ヨーロッパの「国民ネタいじり」に関しては生ぬるいネタでなく過激なものが多く、しかもヨーロッパではそれを面と向かって相手国の人に言ってしまったりします。

「国民ネタいじり」がもっとも激しいのはなんといってもイギリスです。

イギリスは笑いのセンスがヨーロッパでも群を抜いてブラックで、日々の会話のほとんどにそのようなブラックな笑いがちりばめられているといっても過言ではありません。だから自分も〝黒い笑い〟を提供できないとなかなか会話に入れないということがあります。

ボケとツッコミが関西人よりもはるかに高速（？）で取り交わされるため、会話のすべてがまるでパズルをやっているようなものです。

この感覚をアメリカ人や日本人はほとんど理解できないので、会話の内容をそのまま受け取って激怒したり数か月間も落ち込んでしまったりすることが少なくありません。意地の悪いイギリス人はそのような外国人の姿を見てこっそりと大喜びしています。

イギリスは四つの民族国家が集まった連合国

さてそんなイギリス人ですが、イギリスというのは実はひとつの国ではありません。イングランド、ウェールズ、スコットランド、北アイルランドという「民族国家」が集まって連合国を形成している国家です。

各民族国家は、もともと異なる文化や言葉を持つまったく別の国でしたが、何回にもおよぶ侵略や戦争を経て現在ではひとつの国としてまとめられています。

とはいえ元々は別の国なので、イギリス議会のほかにスコットランドにはスコットランド議会があり、紙幣もスコットランド独自の別のものです。

また言語に関してもスコットランドやウェールズは元来が「ケルト系」の影響が強い独自の言葉を有しているので英語とは異質な言語体系です。

現在も学校では先祖伝来の言葉を教えているところもあります。とくにウェールズはウェールズ語の保存に熱心です。これは宗教に関しても同じで、スコットランドに古くから存在した宗教はケルト文化や北欧のバイキングの影響がたいへん強く、日本の神道のような土着信仰が中心でした。

だからスコットランドは今でもクリスマスではなく大晦日のほうを大々的に祝います。スコットランドでは大晦日をホグマネイ（Hogmanay）と呼びます。大晦日の祝いは火を基調にしたものが多く、これはキリスト教的ではありません。北欧諸国のユール（冬至祭）にきわめて近いもので、火で悪霊を焼き払うという中世からのケルトやバイキングの伝統が生きています。

私は家族が一時期スコットランドに住んでいたのでスコットランドの大晦日を体験していますが、その雰囲気は日本の神道のお正月にとても近いような気がしました。

たとえば北部にあるアバディーンシャーのストーンヘヴンという漁村の「火の玉祭り」を見にいったことがあるのですが、真っ暗でとても小さな漁港を、直径五〇センチぐらいの火の玉を持った男の人たちが練り歩きます。

火の玉には鎖がついていて、それをブルンブルンと頭上で振り回して最後には海に投げ入れます。この模様を聞いただけで、ちょっと日本のお祭りに似ているような感じがするのではないでしょうか。こういった豪快なお祭りはイングランドには存在しませんし、火を基調にした儀式というものもありません。

日常生活においてもこの「民族国家」の対立はけっこう根深いものがあり、時には文化問題や政治問題にまで発展しています。

イングランド内部で根深い南北問題

現在のイギリスで「富」というのはほとんどがイングランドから生み出されるので、ウェールズ、スコットランド、北アイルランドの三か国はイングランドから莫大な地方交付金を受け取っています。それなのにイングランドには経済的なメリットも三か国からの貢献もないので、「さっさと独立してしまえ!」と思っている人も少なくありません。

そんな状態なのにこれらの地域はイングランドに対して、独自の法律を認めろ、もっと補助金をよこせ、われわれの文化をもっと尊重しろということを主張してくるので、イングランドとしてもちょっとイライラしているところがあります。

ところが、もともと別の国々だったのをイングランドが侵略してしまったという後ろめたい背景がありますから、あまり強いことは言えないわけです。

さらにイングランド内部にも地域同士の対立があります。

その最たるものはイングランド内部の南北問題といえるもので、かつては重工業が盛んで栄えていた北部は、一九七〇年代以降は仕事がほとんどなく富も生み出されないイングランドの貧困地域が集まっています。産業といえば公共事業ばかりで、まさに日本の過疎化した地方の状況に似ているのですが、北部の若い人たちの多くは仕事や富を求めて南部や海外に移住してしまうケースが増えているのです。

とはいえイギリスの北部は重工業が栄える前でもけっこう貧しくて、商業など産業もなかったので南部に比べると富の蓄積がない。だから北部出身の芸術家や文学者はあまりいなくて、さらには食文化や芸術もほとんど未発達です。こうした南北問題を話題にしたジョークはイングランドで頻繁に耳にします。

イギリスのお国柄をあらわす有名なジョーク

このように異なる国が集まって誕生した連合国という背景や、狭いイングランドでさえも南北問題という難事を抱えた背景があり、相互の強い軋轢《あつれき》を解消するために普段からユーモアを通してお互いをいじりあいつつガス抜きをするのが定番です。

以下はそんなイギリスのお国柄を端的にあらわすことで有名なジョークです。

Q：スコットランドの上空を飛んでいることがどうしたらわかるか？
A：トイレットペーパーが物干しにつるされている

――「スコットランド人はドケチ」ということを強調したジョークでした。

Q：なぜ（スコットランドの）北部人は豆のマッシュを好むのでしょうか？
A：丸い豆をフォークの後ろに乗せられないから

——これは「北部の人々はアホ過ぎる」というジョークです。
ちなみにスコットランド北部では、グリーンピースなどの豆にハムや肉の煮汁を混ぜてマッシュしたもの（つぶして裏ごししたもの）を主食代わりや付け合わせとして食べます。

「北部人」は、いつ北と南の境界線を越えたのかわかる。なぜなら南部の人たちは誰も病気ではないのに棚に果物を用意してあるから。

——これは、北部人は貧しいうえにケチなので、果物を買うのは誰かが病気になったときぐらいだというジョークでした。南部は豊かなので食生活も充実していて果物を買うのにも不自由しないのです。

イギリス全土でバカにされるヨークシャー人

Q：なぜ、イギリスではヨークシャー出身かどうかを聞くべきではないのか？
A：なぜなら聞かれた人がヨークシャー出身でなかった場合、「侮辱された！」と思うから。逆に、もしもヨークシャー出身だったら、「すでにそう言った」と思い込んでいるから

——これはヨークシャー人がイギリス全土でバカにされる存在であり、しかもヨークシャー人はアホだというジョークです。

あるヨークシャー出身の男の妻が亡くなりました。そこで彼は妻の墓石に「あなたは汝のもの（Thine）であった」と刻むことにしました。
彼は石工を呼び出して葬式の数日後に墓石が準備できるように確認をしました。彼の言葉どおり石工は「墓石の準備ができているので見に来てください」と言いました。

男が石工のところに行くと墓石には「彼女は痩せていた」と刻まれていました。それを見て「おい、お前これはいったいなんだよ。〝e〟が抜けているじゃないか！」と激怒したのです。

石工は謝罪し「翌朝までに直します」と言いました。翌朝、彼が石工のところに戻ると大きな声で「あー彼女は痩せていた（E, she were thin）」と読みました。

――ヨークシャー人は言葉の訛りが凄まじいうえにアホなので、石工にはThineがthinに聞こえたうえ「〝e〟を入れ直せ！」と言い張ったのに、石工もまたアホの極みで、石碑に刻む言葉の最初に〝E〟を入れてしまったというジョークでした。

アメリカ人旅行者がイングランドに出かけてきました。主要な都市を訪れて大聖堂や教会をたいへん気に入りました。こうしてロンドンのセント・ポール大聖堂を皮切りにたくさんの教会を巡りました。

この旅人は素晴らしい建築を見学している間に、教会の中に黄金の電話があることに気がつきました。

ある人にその黄金の電話は何なのかと尋ねると「神様に直通で電話できるものなんだけど、使うのには五〇〇〇万ポンドもかかるんだよ」と言われました。

彼は驚き、写真だけ撮って次の場所に行きました。

するとリンカーン大聖堂でも黄金の電話があることに気がつきました。そして誰かに聞くと「あれは神様に直接電話できるんだよ。だけど五〇〇〇万ポンドかかる」と言われたのです。

彼はまたまた驚いて、写真を何枚か撮って次の名所に移動しました。

彼はマンチェスターやブリストルなどでさまざまな教会を訪れて、やはり黄金の電話を発見し、神様と話すのには五〇〇〇万ポンドかかると言われました。

最後に彼はヨークシャーに到着しました。そしてシェフィールド大聖堂に向かったのですが、そこでも黄金の電話があることに気がつきました。ところが、その電話の横には「通話は一〇ペンス」と書いてありました。

彼は「あっ！」と驚きました。そこにいた司祭に「どの教会にも黄金の電話があるのを見つけたのですけど、どこでも五〇〇〇万ポンドかかると聞きました。この電話は何でこんな表示が書いてあるんですかね？」と尋ねました。

そして司祭は答えました。

「ここはね、ヨークシャーなのよ、あなた。つまりね、ローカル通話ってことよね」

——ヨークシャー人はケチすぎて、他のところでは神様と話すのに五〇〇〇万ポンド（約七五億円）払うのも惜しくない人が多いのに、ヨークシャー人は一〇ペンス（約一五円）しか払わないというオチでした。

アイルランド人はアホというジョーク

ヨーロッパでもっとも有名な現地系ジョークといえば、アイルランド人をネタにするものです。とくにイングランド人、ウェールズ人、スコットランド人はアイルランド人をネタにするのが大好きです。

アイルランドはイギリスの支配下に置かれ、食料危機などがあったために多くの人々がイングランドやウェールズ、スコットランドに移民していきました。

長年イングランドの強権的な支配下にあって政治問題を抱えてきましたが、こういった情報を通してお互いの緊張感を緩和してきたのです。以下はそのアイルランドを題材にした定番のジョークです。

アイルランド人の男がアメリカに行き、バーでウイスキーのショットを三つ頼みました。バーテンダーは聞きました。

「三つのショットを一つのグラスに入れたほうがいいですかね？」

アイルランド人は答えました。

「いや、俺は兄が二人いるんだけど、家に帰ってしまったから自分がバーに来る度に彼らの分も頼むんだよ」

次の週にアイルランド人はウイスキーのショットを二つだけ頼みました。

そしてバーテンダーが聞きました。

「ご兄弟に何かあったんですか」

アイルランド人は答えました。

「いや、兄の一人は飲むのをやめただけなんだよね」

――「アイルランド人はアホ」というジョークでした。

お互いを笑いあうのは健康の証し

ご紹介してきたように、他の国ではお互いの国を笑いあったりジョークや皮肉でイジりあったりするのがごくごく当たり前のことです。その内容の〝温度差〟にはちょっと驚かれる方も多いかと思いますが……。

しかしその一方で、こういったジョークは言われたほうも「あはは っ!」と笑って終わりですし、深刻な衝突を防ぐという点でもとてもよいことです。お互いにジョークや皮肉を言いあっている間はまだまだ関係性が悪くないというわけです。

ところが、私が最近ちょっと気になっているのはイギリスのＥＵ離脱に関してはジョークがあまりなく、かなり感情的で真剣な議論になってしまうことです。

またヨーロッパの難民危機に関しても、ネタがジョークになることはほとんどありません。ジョークにしてしまうと差別的だとして大問題になってしまうことがあるからでしょう。これはあまりよい兆候ではないなと思っています。

つまりヨーロッパ諸国の人々がジョークにできないほど問題が深刻化しており、笑い飛ばす余裕がなくなってしまっているということです。

一方で日本に関しては、突飛な発明や変わったことがテレビや雑誌で取り上げられてワハハと笑われるということは、日本はそういうネタにしても大丈夫な危なくない国だと思われている証拠で、これはとてもよいことです。というのも核ミサイルを撃ち込んでくるような国であったら、そんなお笑いネタ的な取り上げ方ができないからです。

その国の寛容さや優秀さを証明するには他の国の人たちに大笑いされるネタを提供し、アハハと笑ってもらうことが重要なのです。

第５章　新時代の日本人になるために

世界で絶賛されている日本人について

本書では日本人のおかしな部分や世界でバカにされているところを紹介してきましたが、その一方で世界から尊敬される日本人というのも、当たり前ですが実は数多く存在します。

その分野としてまず取り上げられるのは日本の「芸術家」です。

日本人は自国のすごいところをアピールしようとするとどうしても技術や経済の側面を強調したがるのですが、実は海外では日本のそういった分野よりもむしろ芸術や文化といったものがたいへん高い評価を受けているのです。

ただし評価されるものは日本人が注目しているような文化とは若干違うところがポイントです。日本人は世界的に誇りとなる素晴らしい人物や素晴らしい文化を実はあまりよく理解しておらず、大事にもしていないのです。

絵画の世界であれば、一九世紀に日本の版画家がヨーロッパやアメリカの芸術家たちに与えた影響は産業革命以上のスケールでした。西洋の画家らとはまったく異なる技法と色使いの表現方法で新しい風を芸術の世界に吹き込みました。やがて世界的な画家の方たちは日本の作品を模倣し、その影響は現在でも残っているほどです。

この日本の芸術に対する関心度は今の時代もまったく変わっておらず、たとえばここ最近イギリスでおこなわれた日本の春画や浮世絵に関する展覧会はどれも大人気でした。大英博物館で催された春画の展覧会は長蛇の列をなしていたのです。

日本の芸術の展示会というのは常にたいへんな人気であり、とくに現代芸術家で人気があるのは草間彌生です。その人気度は日本国内の二倍はあるといっても言い過ぎではないでしょう。

海外でとても評価の高い日本映画

次に日本人がその影響力をあまり理解していないのは日本の映画人です。

ヨーロッパやアメリカでAmazonのＤＶＤセクションを見ると、芸術・映画のジャンルでは日本の映画がたくさん買われていることがわかります。「必ず観なければならない古典映画」には日本の作品が必ずといっていいほど入っているのです。

これはiTunesを見てもわかることです。世界的に有名な古典映画をクリックすると同じような映画を観た人は同時に日本映画を観ていることが多いのがわかります。黒澤明や小津安二郎の作品は、ヨーロッパやアメリカの映画好きの人々は絶対に観ているといっていいほど人気があります。

ところが日本のAmazonを見てもiTunesを見ても黒澤作品を観ている人はあまり多くないことがわかります。なぜか海外のほうがとても評価が高いのです。

黒澤作品や小津作品だけではなく成瀬巳喜男の作品や特撮シリーズ、さらには『仁義なき戦い』といった作品も実は海外の映画好きにたいへんな影響を与えています。

このような作品もどういうわけかヨーロッパやアメリカのほうが購入は容易であり、観ている人が多いのです。日本の映画はヨーロッパやアメリカの作品とは表現方法やテーマがまったく異なり、いい意味で非常に個性的だというのも大きな理由でしょう。

海外の人々はこうした素敵な作品を生み出す日本の映画人をたいへん尊敬しています。だから外国である程度教養を有する人と話をするときには、日本特有の個性あふれる映画を観ていると話が弾むことが往々にしてあるのです。

ヨーロッパでは日本の漫画やアニメが大人気

さらに芸術がらみでは、日本の漫画やアニメの文化としての影響力は今や想像以上のものです。ネットの普及により日本のコンテンツは先進諸国だけでなく南米やアフリカにも広がっています。その影響力の深さは尋常ではありません。

たとえば中東やヨーロッパのちょっとしたチラシやパッケージに、日本のアニメを彷《ほう》彿《ふつ》とさせるようなイラストが多く登場しているのです。

ついでながら、テレビのコマーシャルにも明らかに日本の漫画の影響を受けていると推測される表現がたくさん出てきています。

さらにはヨーロッパの場合、二〇年ほど前までコミックの世界はフランス式の漫画やアメリカンコミックが主流だったのですが、ここ最近は日本の漫画がひとつの分野として確立しており、日本式の漫画を描く作家も登場してきています。

フランスやイタリア、スペインでは日本の漫画やアニメは大人気で、フランスの場合は学生が多い街だと漫画専門店には翻訳された日本の漫画が大量に並んでいます。陳列されるスピードも速いし、かなりマイナーな漫画も翻訳されているので日本から来られた方は驚くのではないでしょうか。

こうした日本漫画が翻訳されたものは図書館にも蔵書として収められていますし、フランスやイタリアに比べると人気が劣るイギリスでさえも日本の漫画は大手書店のコミックコーナーにかなり並んでいます。田舎のほうでも日本漫画のコーナーがあるほどで、一冊一〇〇〇円近くするコミックを買っている人たちがいるのです。

アニメや漫画はマーケットの規模としてはそれほど大きくないのかもしれませんが、こうした日本のコンテンツは日本式の考え方や風習などをベースにストーリーが組み立てられています。物語に登場する風景や食事、服装、建物といったものも日本独自のものなのです。

そういう日本の優れたコンテンツをかなり幼い頃から海外の人が消費しているのは実はすごいことです。アメリカのハリウッド映画が世界中に同国のイメージを普及させ、そして定着させたように、日本の漫画やアニメは日本の考え方や文化を世界中に広めているのです。

海外で日本の有名人は漫画家やアニメ製作者

漫画やアニメが映画と違うところは、子どもの頃から触れ馴染むものなので相当な数の人々の潜在意識に日本的な価値観や文化が埋め込まれることです。日本でも自分が子どもの頃に触れたコンテンツは大人になっても実はかなり影響力があることに気がつかれることがあるのではないでしょうか。文化の影響力という側面で考えるとこの状況は凄まじいことなのです。

海外の若い人にとっては、もっとも有名な日本人は漫画家やアニメ製作者の方々です。彼らは大人になっても日本のアニメや漫画に親しんでいるので、日本を代表する文化はもはや茶の湯や着物ではなくアニメや漫画なのです。

こうしたコンテンツを生み出せる人々は、現代においては葛飾北斎や岡本太郎といった方々に並ぶ芸術家と認識されているといっても過言ではありません。

だからこそ、一時期、日本政府は規模の大きな漫画博物館をつくるという計画を掲げていましたが、実行されなかったことはたいへん残念なことのように思いました。

日本の漫画やアニメは浮世絵や古代の仏像のような芸術的な価値があるものです。しっかりと保存され外国の方々が観に来られるように、歴史的背景なども踏まえて展示をするような価値がある重要なコンテンツなのです。

海外において日本風の漫画を描く作家が出てきたといっても、やはり日本のアニメや漫画は外国の文化圏の人々には生み出せないものだからこそ価値があるのです。

日本の料理人は本国よりも海外で高い評価

さらに芸術以外では日本より海外でのほうが評価が高い日本人も多くいます。

たとえばビジネスの世界でもっとも評価が高いのはソフトバンクグループの孫正義社長ではないでしょうか。

今や日本を代表する企業家といえば孫正義さんです。意思決定のスピードも速いですし、目の付け所がたいへんユニークなので世界中の投資家が注目しています。

一九八〇年代の日本ではソニーの井深大《まさる》さんと盛田昭夫さんやホンダの本田宗一郎さんが日本を代表する企業家として海外の人に有名でした。しかし何といっても現在の日本では、さまざまなIT企業に大型投資をしてきた孫さんの右に出る企業家はいません。

さらにもっとローカルなレベルで脚光を浴びる日本人もかなりいます。

アメリカやヨーロッパでは最近注目を集める日本人でとりわけ名前が上がるのは〝料理人〟です。とくにフランスには高い評価を得る日本人シェフが集まっています。

日本人の職人魂や繊細な食の感覚は多くの人に知られており、日本人シェフのいる店であれば安心だと思う外国人も少なくありません。そういった海外にいる日本の料理人の多くは、本国日本では名前が知られていませんが現地ではたいへんな人気者なのです。

このように日本人が海外で評価される場合、日本で最近はやっている「日本スゴイ！」とわが国を持ち上げる視点とは若干ポイントが異なっています。

海外の人々は、その日本人に愛国心があるかとか、そんなどうでもいいことよりも、その個人の感性や技能に関心を示しているのです。「日本人だからスゴイ」ということでは決してありません。

「日本スゴイ！」に酔っている人々は「日本人だから凄いんだ」ということを強調しがちですが、実は凄いのはその本人であって、日本人だから凄いというわけではないということをよく理解すべきでしょう。

つまり見るべきなのは、その人がどこに所属しているのかではなく、その人「個人」なのです。

バカにされない日本人になるための方法

これまで日本人の問題点をいろいろと指摘してきましたが、これからの世界で日本人がバカにされないためにはいったいどうしたらよいのでしょうか。

それには日本人の良いところを生かし、問題があるところは改善していくといったことが考えられます。今後の日本人にとって大事だと思われるのは以下の各点です。

バカにされない方法①――本質を見よ

本書の最初のほうで指摘したように、日本人は形式にとらわれることで本質を無視してしまうことがあまりにも多いと思われます。まったく必要がない書類をつくりつづけたり、肌寒いのに季節が夏というだけで夏服を着ていたり、誰も必要ないと思っている会合を継続したり、ほとんどの人が賛意を示しているのに会社で在宅勤務を導入しない――といったようなことです。

よく考えてみれば実に無駄なことや必要ないことが多いのですが、日本人は「これまでやってきたから」とか「他人に批判されるのが怖いから」ということで前提をくつがえすことをしてこなかった。これは個々の日本人が、自分だけは批判されたくはないと思っているからです。ようするに〝ずるい人〟が多いのです。

みんながそれをやめないので自分だけでなく他の人も苦しい思いをしているのです。ほんの少し勇気を出して、これは本質的に考えると必要がないからやめたほうがいいんじゃないか、こういったやり方をしましょうということを個人個人が思い切って提案してみることで変わっていくのではないでしょうか。

まずはその前段階として自分自身の生活を振り返り、本質に沿っていないことはなるべくやめる。自分の好きなことだけをやると決めてしまうのもよろしいかもしれません。

バカにされない方法②——所属先にこだわるな

日本人は外国人を見る場合でも日本人そのものを見る場合でも、その人の肩書きや、その人がどこに所属しているかということばかり気にしてしまう悪い習慣があります。しかしこれにこだわってばかりいるのは人生における大きな損失です。

相手の本質を見きわめる機会を失ってしまうし、人と出会うチャンスにも障害が出てきてしまいます。その結果として腹をわった自由闊達《かったつ》な議論もほぼ不可能です。相手の所属先や肩書きとか年齢といったものにかかわらず、おおらかな心でさまざまな人と交流することを心がけることで日本は変わっていくでしょう。

まず前提として、たとえば自分が誰かの発言をネットや新聞などで閲覧した場合に、自分はその人が主張していること自体に感心しているのか。それともその人の肩書きや所属先を確認したうえでその発言に納得したのか、ということを自ら問いただしてみるのがいいでしょう。

バカにされない方法③——他人と自分は違うと心得よ

日本人が外国人と交流する際に大失敗する点のひとつが、「相手が日本人の自分と同じように行動したり同じように考えたりするのではないか」と思い込んでしまうことです。

育った背景や文化圏が異なれば、日本人の自分が抱えている前提と同じものを持っているとは限りません。

むしろまったく異なる思考回路を有している場合もあるのだから感じ方もモノの見方も違うということを念頭におくべきでしょう。

これは外国人に対してではなく日本人同士についても同様です。同じ言葉や同じ文化で育ってきた人であっても、個々の人間のモノの感じ方は異なることが少なくありません。また人生観や好みも違うことが当たり前です。

相手は自分と同じだと思い込むからこそ、日々の生活において他人との軋轢が減らないのです。また相手に対して自分の価値観や考え方を強要してしまうから、その帰結としてお互いが苦しくなってしまいます。

相手とはお互いを理解することがほとんど不可能だ、自分たちは異なる人間であって異なる存在であるため、行動様式も思考も違って当たり前だと思うことで人生がかなり楽になるのではないでしょうか。

海外の人が日本人のように細かい人間関係で悩んでいないのは、最初から相手は自分と違う人だと思っていて同じように行動しないことに落胆しないからです。

最初から期待していないので絶望もしないのです。

バカにされない方法④――自信を持って行動しよう

日本人が外国の人からバカにされやすいのは、自信がなさそうに振る舞ったり話したりするからです。日本人には周囲の人にとても気を遣って謙遜をするという文化があるので、どうしても自信がなさそうな態度に見えてしまいます。

ところが多くの国では「私は素晴らしい！」と思いながら行動する人のほうが多いのです。基本的に日本人は全体的な教育レベルが高いし、学習意欲も前向きな人が多いので、基礎能力が高くて人格も優れた人が少なくありません。自分のそういった能力や学習意欲などレベルの高さといったものを積極的にアピールして「私は素晴らしい人間です」というふうに普段から自覚して堂々としていればよいのです。

自分は素晴らしいと思っていれば、それが態度にも表情にもあらわれます。そのようなハツラツとした姿は他人から見てもたいへん気持ちがいい。さらに自分だけではなく周りの人もちょっとしたことでどんどん褒めるようにしましょう。

「言霊《ことだま》」というワードがありますが、これは言葉に宿っていると信じられていた不思議な力で、発した言葉どおりの結果をあらわす力がある、すなわち頻繁に発することでその言葉はやがて現実になっていく、というものです。

良いことを言うことは周囲を明るくするし自分の気持ちも良くなります。人に何かをしてもらったら「ありがとう」と言うこと、仕事や家事の出来具合を身内や家族であっても積極的に褒めることで自分も自信がついていきます。

バカにされない方法⑤――感性を磨け

残念ながらこの先の日本は少子高齢化で国の経済力だけではなく希望そのものも縮小していきます。そして昭和の時代に比べると日本の存在価値は世界でますます小さいものになっていくでしょう。

とはいえ今の時代が昔と決定的に違うことがあります。

それは知識集約型の経済が主流になってきているうえにネットがかつてよりも普及したおかげで、産業革命に匹敵するような時代の変革が起きていることです。

つまり現代は物質ではなく知識や感性といったもののほうが重要なのです。なぜならグーグルやアップルを見ればわかるように、世界を支配するのは大きな工場や生産設備を有する組織や人ではなく、世界中の人々に新たな価値を提供するような知識を与えること、そして感性に訴えかけることが重要で大切だからです。

たとえばグーグルの場合は検索エンジンやさまざまなツールを通して全世界の人々に新たな知識や考え方を無償で供与しています。またアップルは誰でも使いやすい高機能なハードウェアを提供することで、グーグルとともに人々が情報にアクセスする方法を根本的に変えてしまいました。

とくに最近の若い人にとっては、たとえば歌手や芸人がどこの所属かどこの出身かということはもはや関係ありません。YouTubeなどの動画サイトで自分の感性に訴えかけるようなおもしろいコンテンツを提供してくれる人であれば、個人であろうがどのレコード会社に在籍していようがどこの国の人だろうが関係ないのです。

最近の出来事ではピコ太郎さんの例が取り上げられるでしょう。ピコ太郎さんの動画は世界中で大ヒットしましたが、彼が日本のお笑い芸人でどこに所属しているということを気にした人はほとんどいませんでした。単におもしろくて自分の国にあるお笑いとはまったく異なる感性を提供しているところが受けたのです。

ここには今後の日本にとっての大きなヒントがたくさん隠れています。

少子高齢化で国の経済規模は縮小していくとしても、人々の感性に訴えかけることができれば大きな影響力を維持することができるのです。

素晴らしい芸術や洗練された伝統文化、漫画やアニメのようなたいへん洗練された表現をつくり出す力を持つ日本人は、優れた文化を発信していけば、世界でも影響力を発揮することはまだまだ可能です。これに関しては欧州各国がよいお手本になるかもしれません。

たとえばフランスやイギリスは経済規模でいえば中国やアメリカにまったく及びませんが、文化に関してはたいへんな影響力を維持しています。中国が頑張っても、中華料理がフランス料理のように世界各国の公式晩餐会で採用されることはない。またイギリスのように中国が数多くのロックバンドを生み出すこともできないでしょう。いくらお金があっても歴史ある文化を生み出すことはできません。ところが日本にはすでにたいへんな強みがあります。

たとえば長年培った伝統文化も漫画もアニメも簡単にコピーすることはできないのです。こうしたことを常に念頭において活動していけば、日本の未来はまだまだ明るいとはっきり断言することができるのです――。

おわりに

日本の読者のみなさんが今まであまり知ることがなかったであろう「世界でバカにされている日本人」の現状を紹介してきました。

なかには耳の痛い話もあったでしょうし、「これは違うんじゃないか」と思われる話題もあったかもしれません。

とはいえ本書が現在わが国を席巻している「日本スゴイ！」コンテンツは何かがおかしいのではないかと思っているみなさんの感覚を確認するきっかけになればと思っている次第です。

一九八〇年代には経済が活況で、世界でもっとも豊かだといわれていた日本は、ここ二〇年ほど停滞していて下り坂を転がっているところです。先進国でここまで長期間にわたって経済が停滞したという例は日本以外に存在せず、経済学的にも非常に興味深い研究対象であります。

長期にわたる停滞はデフレーションを引き起こし、他の国ではインフレにより不動産価格や消費者物価が年々上昇するのが当たり前なのにもかかわらず、日本では東京都心など一部を除いて地価がどんどん下がってしまっている。ここ四半世紀の間、働く人の実質賃金はほとんど増えないというのもたいへん深刻な事態です。

そんな決してよくない状況下で、日本からは画期的な企業や製品も登場していない。社会の構造や働き方といった大局的な問題は何度も指摘されているのにもかかわらず、ほとんど変化していません。

働く人の大半はいまだに高度成長期時代と同じように長時間労働や朝夕ストレス満載の通勤地獄に悩んでおり、過労死する人も存在しているほどです。

さらには女性の就労環境というのもあまり改善されていません。その一方で正社員の地位にある人は徐々に減少し、今や非正規雇用の人がおよそ四割を占めて加速度的に増加していきます。

世の中全体は豊かになったはずなのに、多くの人々の生活は苦しくなるばかりです。今の三〇代から五〇代の方々は、自分の子ども時代のほうが自分や周囲の生活が豊かであったという人がかなり多いのではないでしょうか。

現実を直視するのはとても辛いことです。

三〇年前には、若い人は百貨店で三万円から五万円のバッグを買うのがほぼ当たり前だったのに、今や「しまむら」などお値打ち品が揃う店舗で一五〇〇円のバッグを買うのがごく一般的になってしまっているのです。

普通の人であっても生活レベルを落とすということはなかなか難しいもの。ところが日本では今、国全体で生活レベルが下がっていくということがごく当たり前のように起こっているのです。

こうした現実はしかたがないと頭の中では納得していても、精神的にはボディブローのように効いてきます。明るい将来展望が描けないことは個人の人生設計にも大きな影響を及ぼしますし、子どもを持とうとか、新しい車を買おうとか思えない人が多いのも現実です。

そんな悪化した環境下でも多くの人の救いになるのは、日本はこんな状況だけれども、「日本はやっぱりスゲー！」と自分の心を勇気づけてくれるような「日本スゴイ！」コンテンツです。

とはいえ、そういったフェイクニュースもどきの「日本スゴイ！」コンテンツは、体の調子がかなり悪いのに栄養ドリンクを大量に摂取してなんとか仕事をしている人とさほど変わりません。

このような悪しき問題を解決するには、事実を客観視し可視化したうえで解決策を考えなければならないのです。

本書が、「日本スゴイ！」といった風潮は何かがおかしいと感じている方々にとって、日本の将来を考えるきっかけになることを祈念いたします。

平成三〇年八月

谷本真由美

谷本真由美（たにもと　まゆみ）@May_Roma

著述家。元国連職員。

1975年、神奈川県生まれ。
シラキュース大学大学院にて
国際関係論および情報管理学修士を取得。
ITベンチャー、コンサルティングファーム、
国連専門機関、外資系金融会社を経て、現在はロンドン在住。
日本、イギリス、アメリカ、イタリアなど各国での就労経験がある。

ツイッター上では、「May_Roma」（めいろま）として舌鋒鋭いツイートで好評を博する。
趣味はハードロック/ヘビーメタル鑑賞、漫画、料理。

著書に『キャリアポルノは人生の無駄だ』（朝日新聞出版）、
『日本人の働き方の9割がヤバい件について』（PHP研究所）、
『日本が世界一「貧しい」国である件について』（祥伝社）、
『不寛容社会』（ワニブックスPLUS新書）など多数。

世界でバカにされる日本人
—今すぐ知っておきたい本当のこと—

著者 谷本真由美
2018年9月10日 初版発行
2018年10月1日 2版発行

発行者 横内正昭
編集人 内田克弥
発行所 株式会社ワニブックス
〒150-8482
東京都渋谷区恵比寿4-4-9えびす大黒ビル
電話 03-5449-2711(代表)
03-5449-2716(編集部)

カバーデザイン 小口翔平+喜來詩織(tobufune)
ブックデザイン 橘田浩志(アティック)
校正 玄冬書林
編集協力 山田泰造(コンセプト21)
編集 内田克弥(ワニブックス)

印刷所 凸版印刷株式会社
DTP 株式会社 三協美術
製本所 ナショナル製本

定価はカバーに表示してあります。

ISBN 978-4-8470-6609-2
ワニブックスHP http://www.wani.co.jp/
WANI BOOKOUT http://www.wanibookout.com/